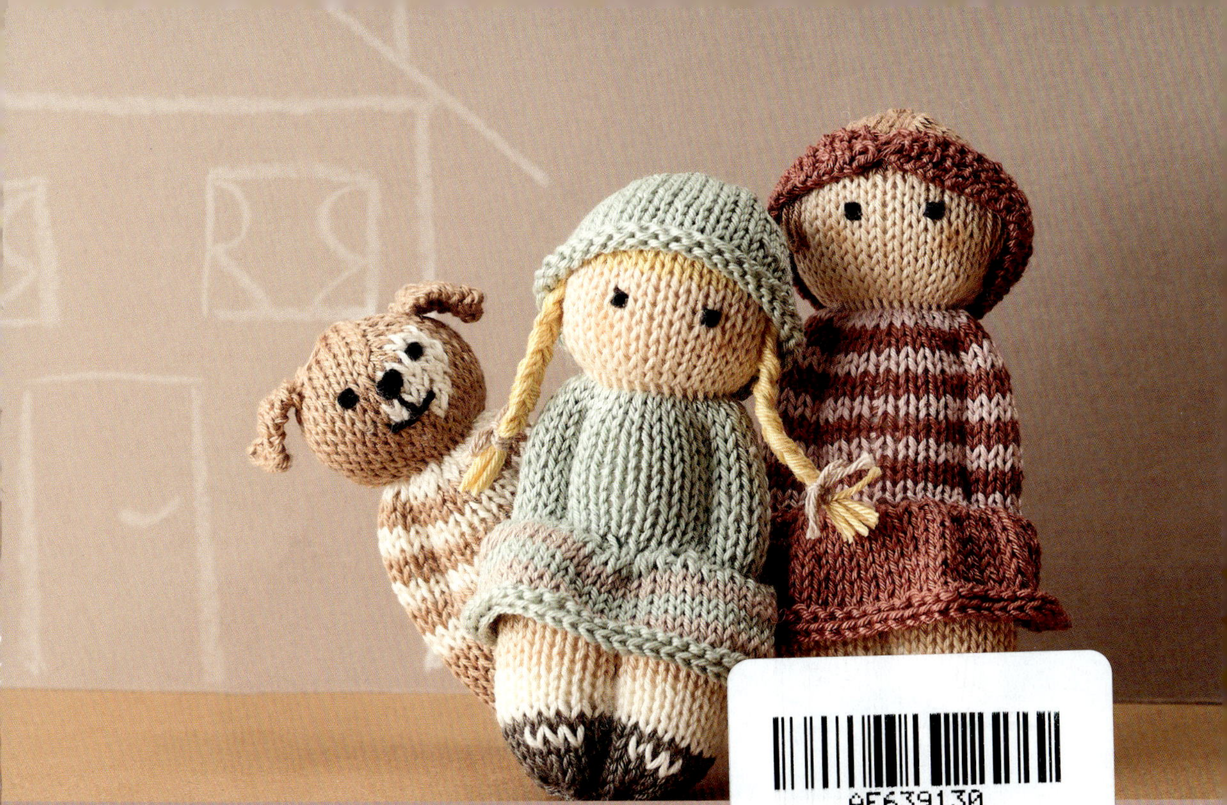

Sie erobern jedes Herz im Sturm: Die kleinen Strick-Lieblinge sind schnell gemacht und einfach umwerfend süß!

Sie werden jeweils in einem Stück gestrickt und sind, dank der ausführlichen Basisanleitung, auch für AnfängerInnen ein tolles Projekt.

Jetzt haben Sie nur noch die Qual der Wahl, ob Sie zuerst die tierischen Freunde oder das entzückende Seniorenpärchen stricken wollen.

Lassen Sie ruhig auch Ihrer Fantasie freien Lauf und erschaffen Sie immer wieder neue Figuren in den unterschiedlichsten Material- und Farbkombinationen – übrigens eine tolle Idee, um Reste zu verarbeiten.

Basisanleitung

Die Strickllieblinge werden alle von unten nach oben, wahlweise in Runden oder Reihen gestrickt. Man beginnt mit den Schuhen, strickt dann nacheinander das Unter-, dann das Oberteil und den Kopf mit Gesicht und Haaren und zum Schluss wird für die Kopfform abgenommen. Der eigentliche Körper wird durch einfaches Abbinden und Abnähen geformt.

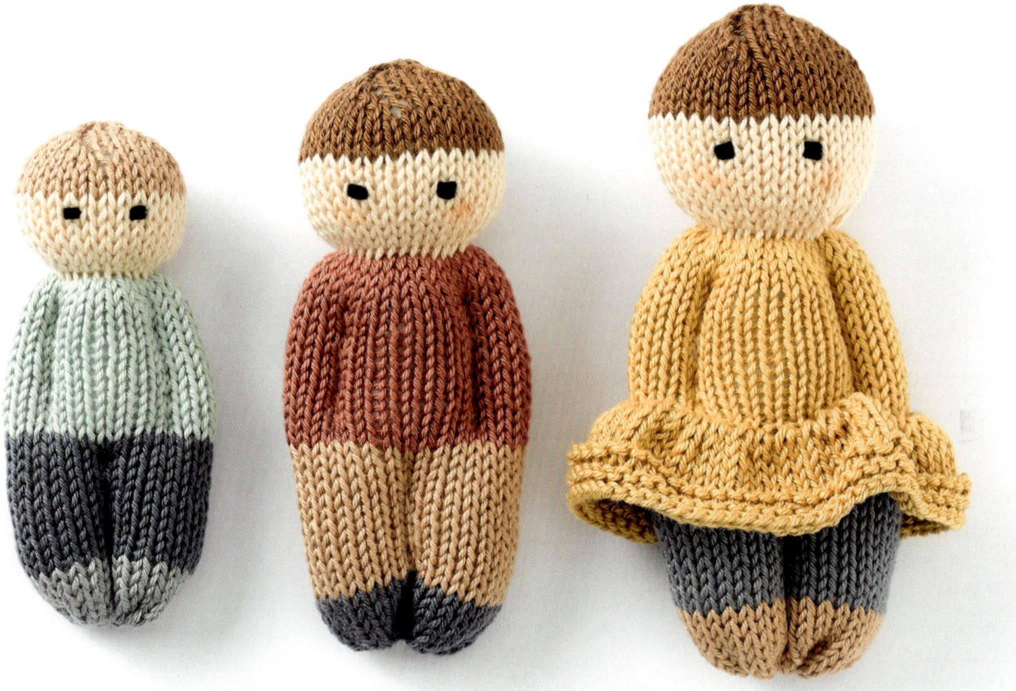

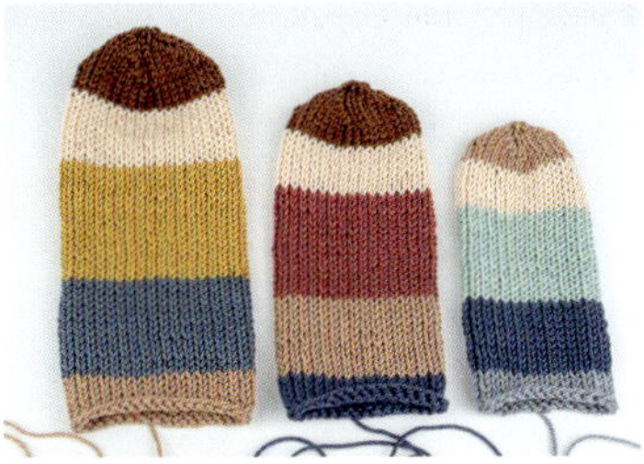

Alle Maschen- und Reihen-/Rundenangaben für die Basisanleitung sind der Tabelle auf dem Umschlag zu entnehmen.

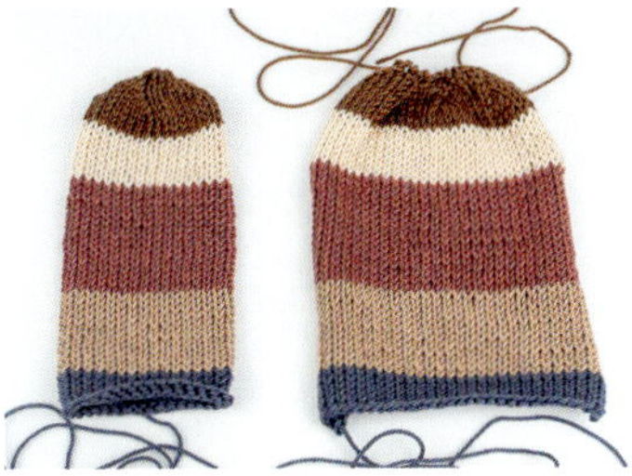

Die Püppchen können wahlweise in Runden oder Reihen gearbeitet werden. Die jeweiligen Maschenzahlen sind in den Anleitungen, wenn nicht gesondert vermerkt, für das Arbeiten in Runden angegeben.

Beim Arbeiten in Reihen den Rand als Nahtrand arbeiten (= die erste und letzte Masche in jeder Hinreihe rechts und in jeder Rückreihe links stricken).

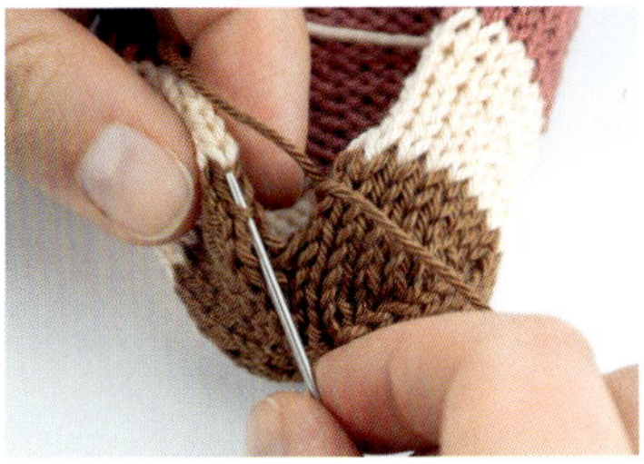

Beim Arbeiten in Reihen den Faden, der zum Schluss durch die restlichen Maschen gezogen wird, mindestens 30-40 cm lang lassen und damit die Naht im Matratzenstich schließen. Dafür jeweils abwechselnd den Querfaden zwischen der ersten und zweiten bzw. der letzten und vorletzten Masche jeder Reihe auffassen und so die Naht schließen.

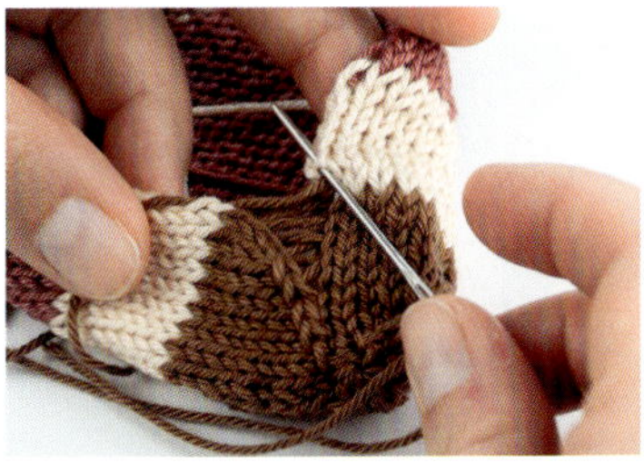

Die Andersfarbigkeit des Fadens ist nach dem Festziehen nicht mehr sichtbar.

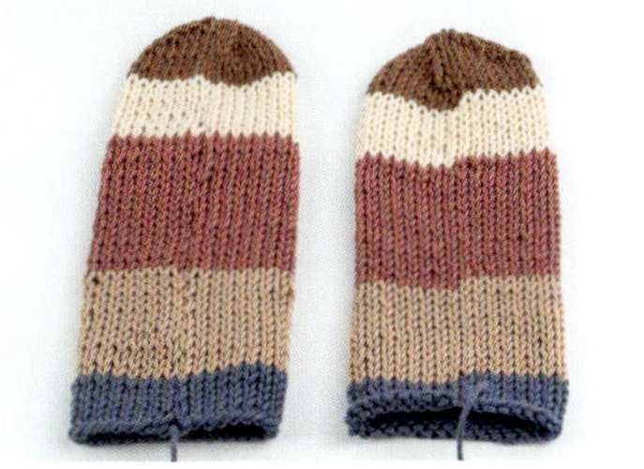

Nach dem Zusammennähen sehen beide Püppchen gleich aus. Die hintere Mitte bildet bei der in Reihen gestrickten Puppe die Naht, bei der in Runden gestrickten der kleine Versatz des Farbwechsels.

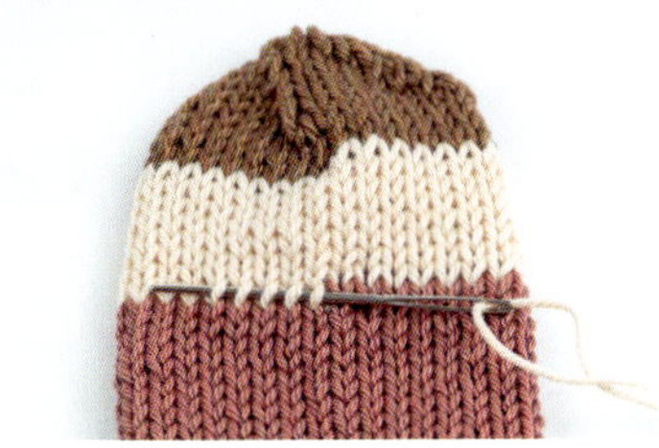

Um den Kopf zu markieren, einen ca. 30-40 cm langen Faden in der Farbe des Gesichts, beginnend in der hinteren Mitte, durch jeweils ein Maschenglied der 1. Runde/Reihe des Gesichts ziehen.

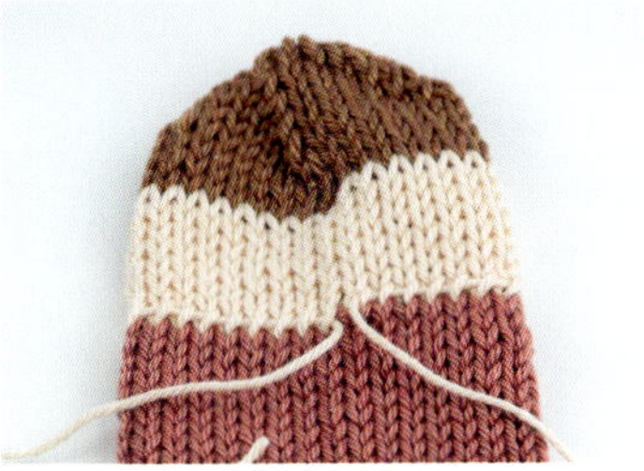

Danach den Kopf mit Füllwatte ausstopfen und in Form bringen. Den Faden verknoten, jedoch nicht abschneiden. Er wird später zum Abnähen der Arme verwendet.

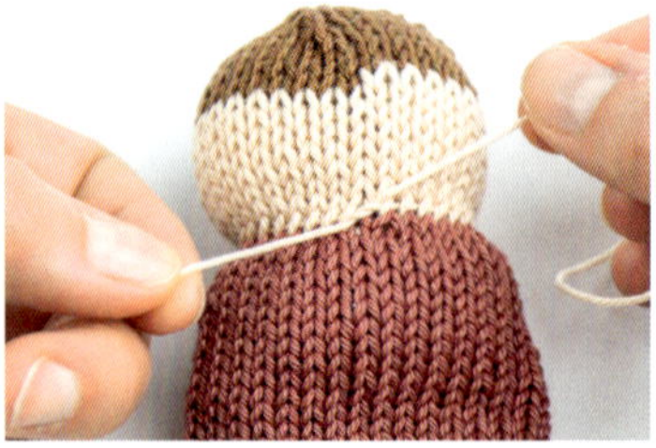

Den Anschlagfaden durch die Anschlagreihe fädeln.

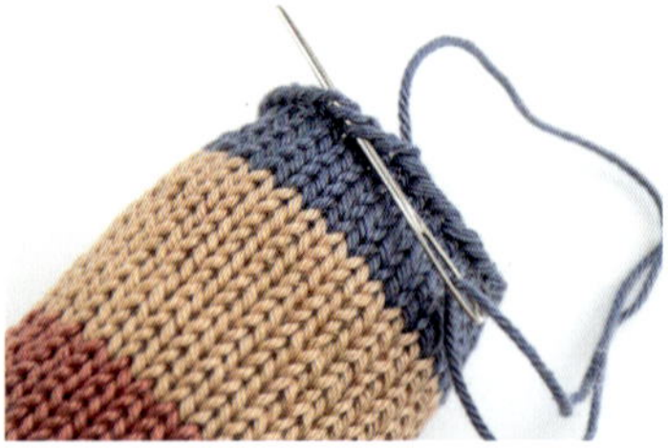

Den Körper mit Füllwatte ausstopfen und die untere Öffnung der Puppe zusammenziehen. Den Faden nicht abschneiden, er wird noch zum Abnähen der Beine benötigt.

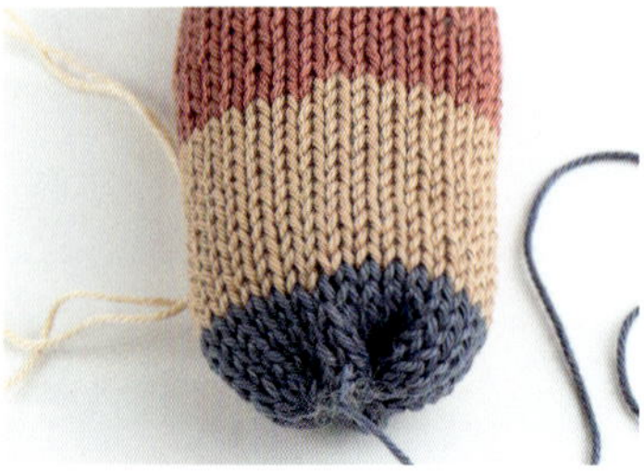

Zum Abnähen der Beine den Anschlagfaden in der 1. Runde/Reihe der Schuhe von der hinteren zur vorderen Mitte durchstechen.

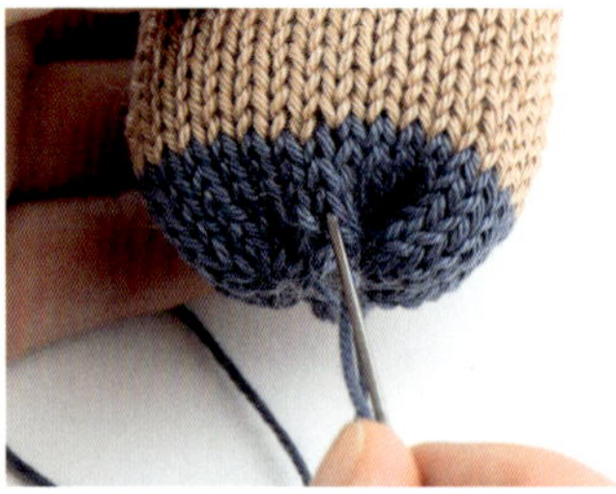

Auf diese Weise Reihe für Reihe bis zum Beginn des Oberteils die Beine andeuten. Den Faden noch nicht festziehen, er dient zur Orientierung beim Abnähen.

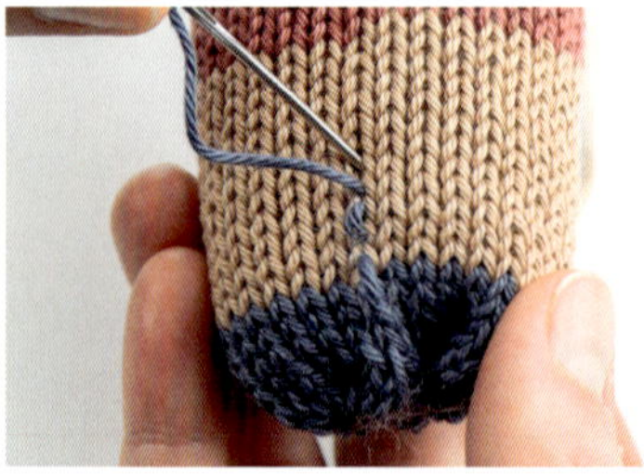

Zum Schluss den Faden festziehen und vernähen.

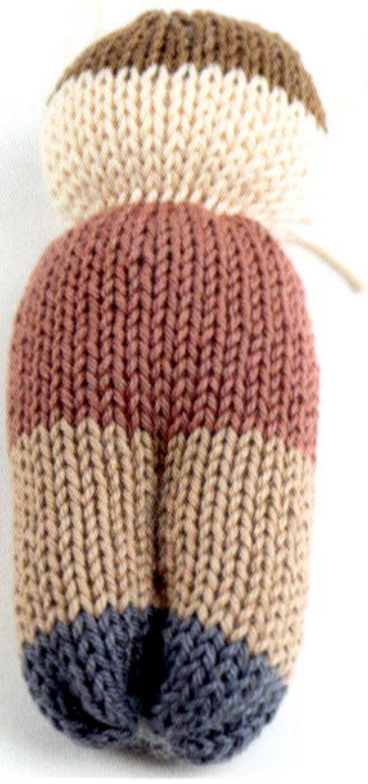

Für den ersten Arm einen der beiden Fäden vom Kopf in die hintere Mitte einstechen ...

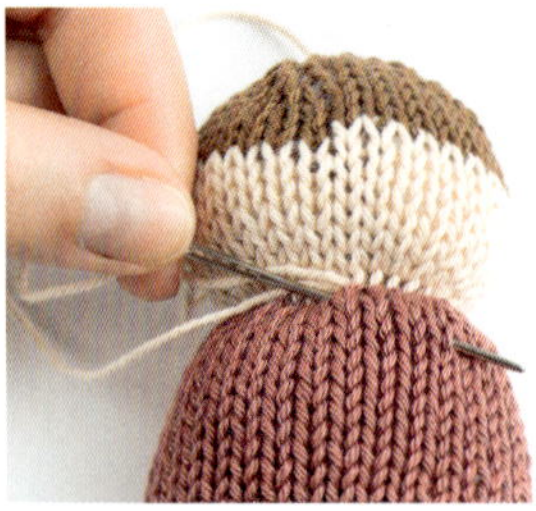

... und nach der in der Tabelle angegebenen Anzahl von Maschen und Runden/Reihen die Nadel wieder ausstechen.

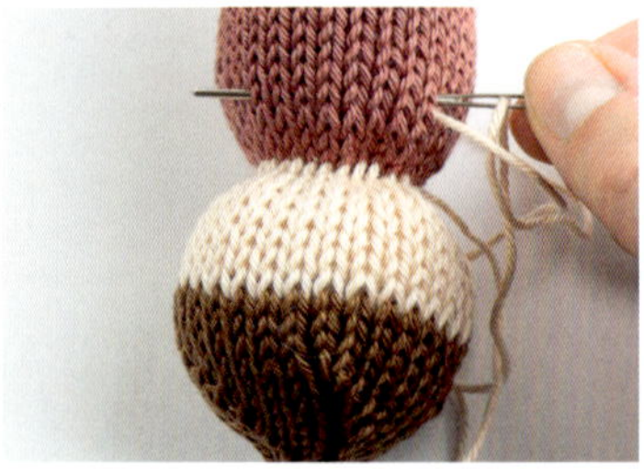

Zum Abnähen der Arme nach einer weiteren Reihe die Nadel wieder einstechen und nach der in der Tabelle angegebenen Maschenzahl wieder ausstechen. Auf diese Weise weiter bis zum Beginn der Hose nähen, dabei den Faden erst zum Schluss festziehen. Den anderen Arm ebenso abnähen.

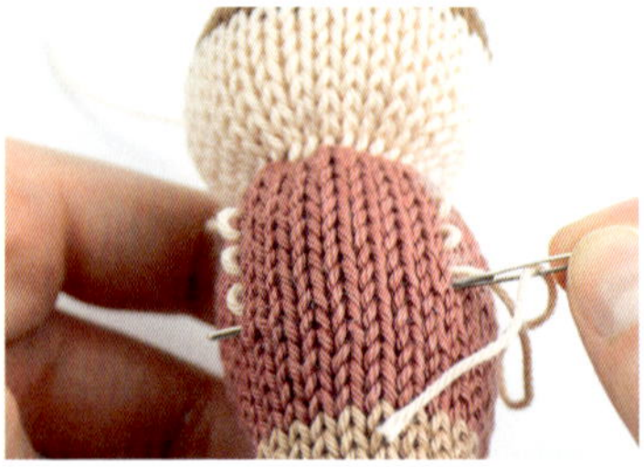

Die beiden Fäden jeweils vernähen und abschneiden.

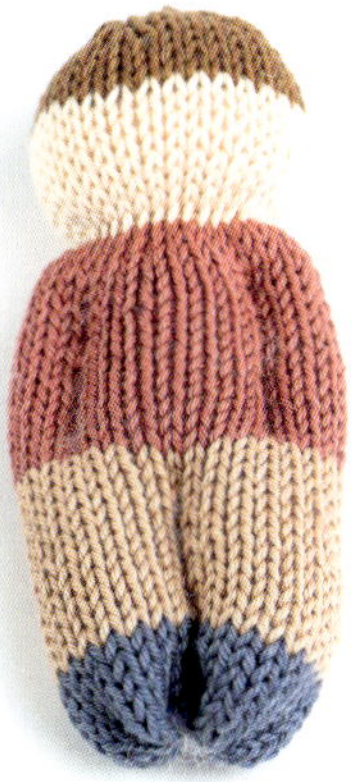

Die Augen jeweils in Schwarz aufsticken. Dafür den Faden 3x durch eine Masche ziehen.

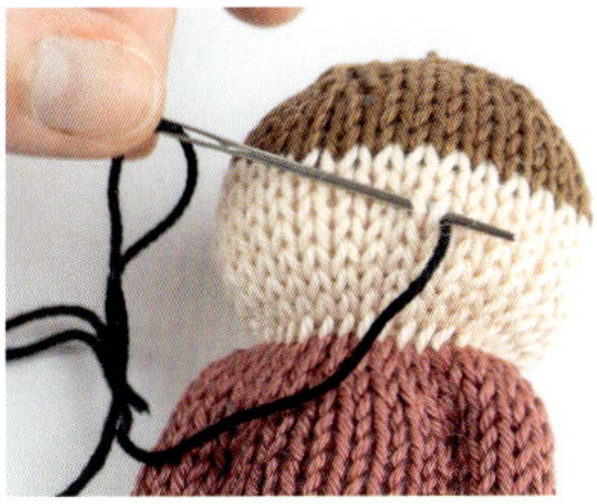

Das zweite Auge ebenso arbeiten.

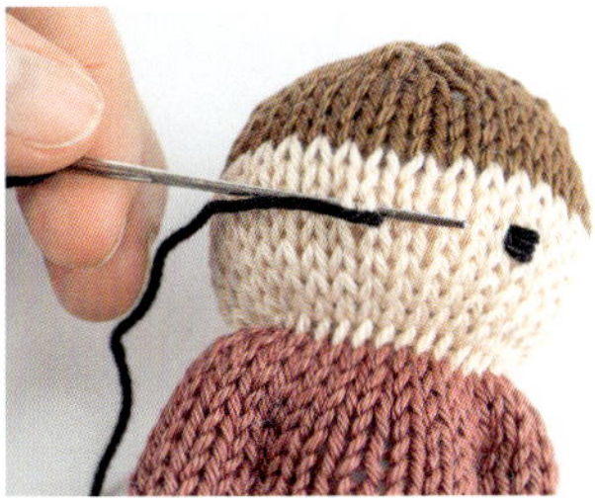

Die Wangen nach Belieben mit einem Wattestäbchen und etwas Rouge oder Puder andeuten.

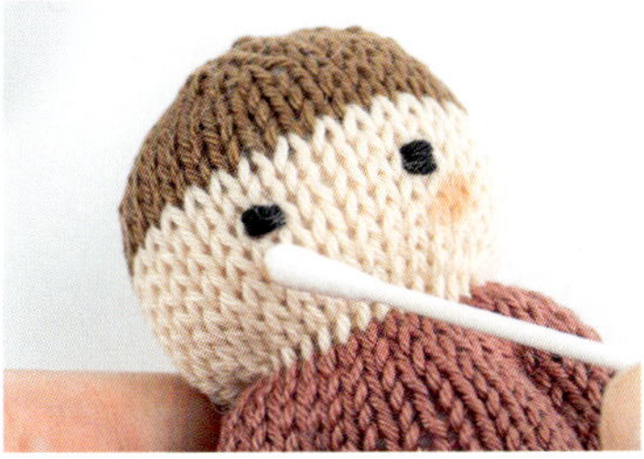

Um Details, wie einen Rock, Ohren oder eine Hutkrempe, an den Körper zu arbeiten, die Nadelspielnadeln nacheinander durch ein Maschenglied der in der Anleitung angegebenen Runde/Reihe des Gestricks ziehen.

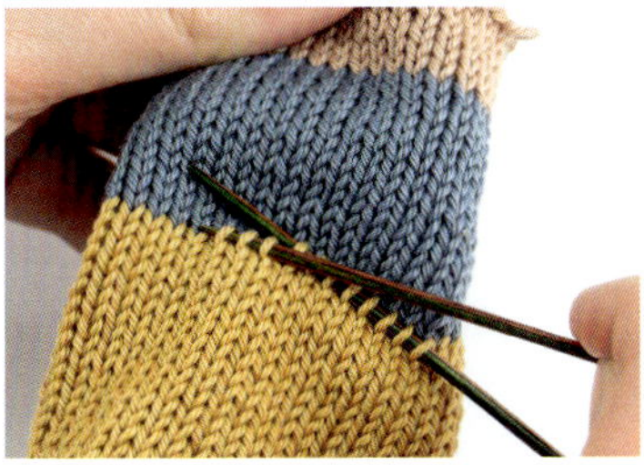

Weiter für das gewünschte Teil wie in der Anleitung angegeben in Reihen oder Runden weiterstricken.

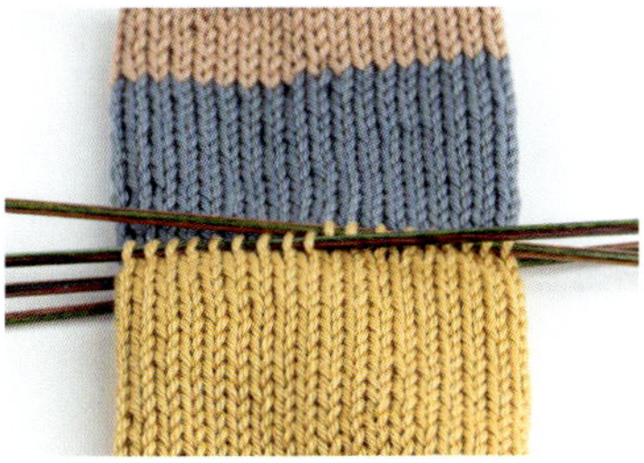

Hinweis: **Beim Arbeiten in Reihen kann der Rock vor dem Zusammennähen der Puppe auf die gleiche Weise gearbeitet werden. Er wird dann lediglich in Reihen statt in Runden gestrickt. Das Zusammennähen des Rocks erfolgt auf die gleiche Art wie das Zusammennähen des Körpers.**

Prima Ballerina

bereit für den großen Auftritt

Glatt rechts

In Rd alle M rechts str.

Kraus rechts

1 Rd rechte M, 1 Rd linke M im Wechsel str.

Anleitung

Körper

In Natur 32 M anschl, gleichmäßig auf 4 Spielnd verteilen (= 8 M je Nd) und zur Rd schließen.

Schuhe

1.-7. Rd: Glatt rechts str.

Beine

8.-18. Rd (Ivory): Glatt rechts str.

Shorts und Oberteil

19.-38. Rd (Vintage): Glatt rechts str.

Gesicht

39.-47. Rd (Ivory): Glatt rechts str.

Haare

48.-51. Rd (Fuchs): Glatt rechts str.
52. Rd: 4x jede 7. und 8. M rechts zusammenstr (= 28 M).
53. Rd: 4x jede 6. und 7. M rechts zusammenstr (= 24 M).
54. Rd: 4x jede 5. und 6. M rechts zusammenstr (= 20 M).
55. Rd: 4x jede 4. und 5. M rechts zusammenstr (= 16 M).
56. Rd: 4x jede 3. und 4. M rechts zusammenstr (= 12 M).
57. Rd: 4x jede 2. und 3. M rechts zusammenstr (= 8 M).
58. Rd: Jede M verdoppeln (= 16 M).
59. Rd: Glatt rechts str.
60. Rd: Jede 2. M verdoppeln (= 24 M).
61.+62. Rd: Glatt rechts str.
63. Rd: Jeweils 2 M rechts zusammenstr (= 12 M).
64. Rd: Glatt rechts str.
Den Faden abschneiden und durch die restlichen M ziehen.

Rock

Durch die 8. Rd der Shorts in Vintage nacheinander die 4 Spielnd schieben (siehe Basisanleitung, Seite 5). Den Rd-Anfang bildet die hintere Mitte.
1. Rd (Vintage): Glatt rechts str.
2. Rd: Jede M verdoppeln (= 64 M).
3.-8. Rd: Glatt rechts str.
9. Rd: Linke M str.
10. Rd: Rechte M str.
11. Rd: Linke M str.
12. Rd (Gold): Rechte M str.
13. Rd: Rechte M str und dabei alle M abk.

Fertigstellen

Siehe auch Basisanleitung Seite 2-5. Bis auf den Anschlagfaden alle Fäden vernähen. Den Kopf in der 1. Rd des Gesichts in Ivory abbinden, vor dem Festziehen Kopf und Dutt mit Füllwatte ausstopfen. Den Faden nicht abschneiden, er wird noch zum Abnähen der Arme benötigt. Den Dutt in Gold abbinden. Den Körper ausstopfen und mit dem Anschlagfaden die untere Öffnung schließen. Den Faden nicht abschneiden, sondern mittig bis zur 3. Rd der Shorts die Beine markieren. Mit dem Abbindefaden des Kopfes seitlich des Körpers die Arme abnähen, dabei von der hinteren Mitte aus die M wie folgt einteilen: 4 M für die erste Hälfte des Rückenteils, 8 M für den ersten Arm, 8 M für das Vorderteil, 8 M für den zweiten Arm und 4 M für die zweite Hälfte des Rückenteils. Die Arme von der drittletzten Rd des Oberteils bis zum Beginn des Rocks abnähen. Die Augen in Schwarz vorne mittig in die 7. Rd des Gesichts, 4 M voneinander entfernt, aufsticken. In Natur die Riemchen der Schuhe um die Beine wickeln und festnähen. Mit etwas Rouge die Wangen andeuten.

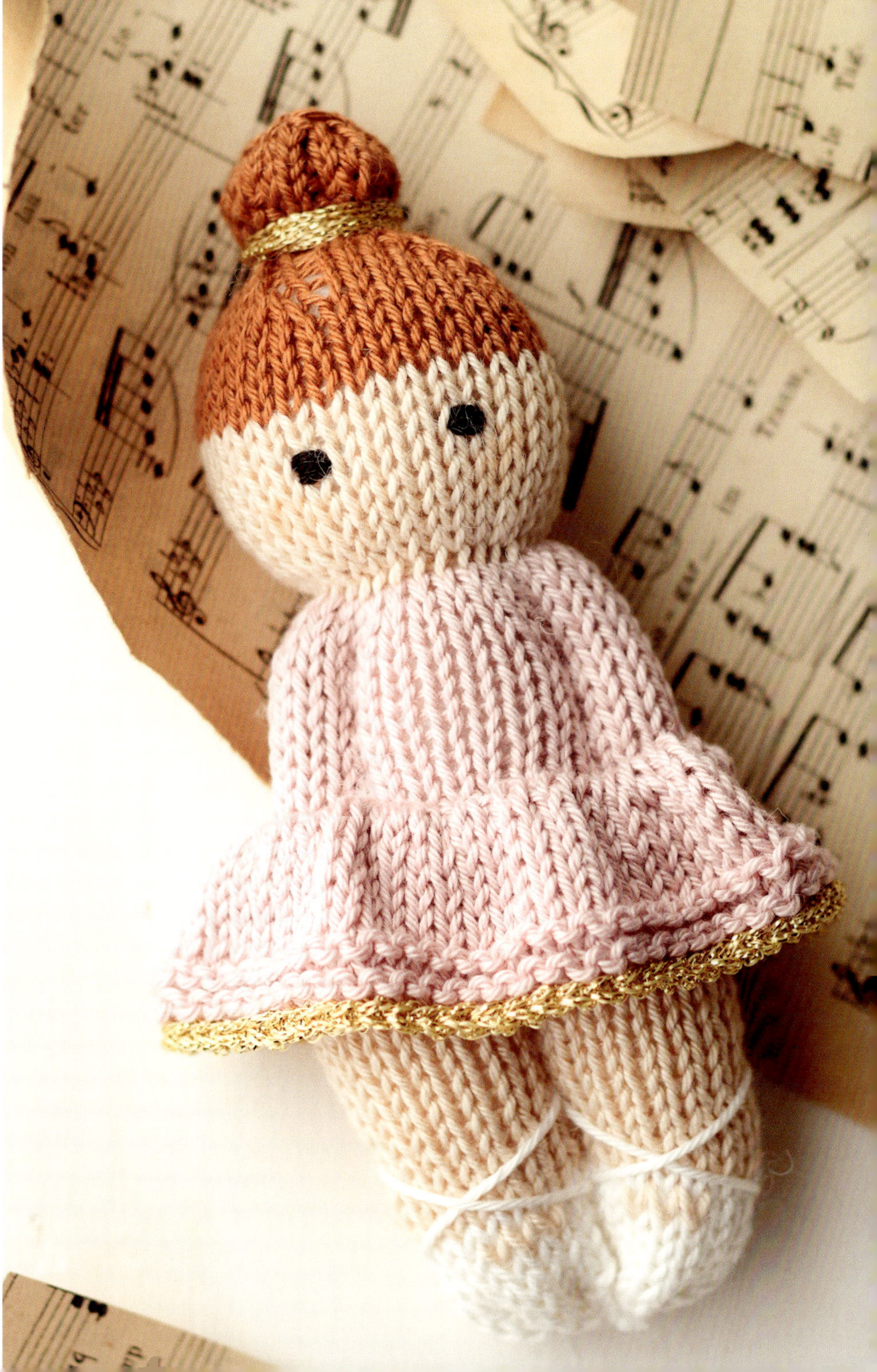

GRÖSSE
ca. 16 cm

MATERIAL
- Schachenmayr Catania (LL 125 m/50 g) in Natur (Fb 105), Ivory (Fb 436), Vintage (Fb 423), Fuchs (Fb 426) und Schwarz (Fb 110), Reste
- Glitzerfaden in Gold, Rest
- Nadelspiel 3,0 mm
- Füllwatte zum Ausstopfen
- Wollnadel
- Wattestäbchen
- Rouge

MASCHEN-PROBE
Glatt rechts mit Nd 3,0 mm 26 M und 36 Rd = 10 cm x 10 cm

Checker

hey, was geht?

Glatt rechts

In Hinr rechte M, in Rückr linke M str, bzw. in Rd alle M rechts str.

Kraus rechts

In Hinr und Rückr rechte M str.

Rippenmuster

1 M rechts, 1 M links im Wechsel str.

Anleitung

Körper

In Natur 36 M anschl, gleichmäßig auf 4 Spielnd verteilen (= 9 M je Nd) und zur Rd schließen.

Schuhe

1.-8. Rd: Glatt rechts str.

Hose

9.-20. Rd (Graphit): Glatt rechts str.

Pullover

21. Rd (Jaffa): Glatt rechts str.
22.-24. Rd: Im Rippenmuster str.
25.-34. Rd: Glatt rechts str.
35. Rd: In Jacquardtechnik 1 M rechts in Jaffa, 1 M rechts in Terracotta im Wechsel str.
36.-42. Rd (Terracotta): Glatt rechts str.

Gesicht

43.-52. Rd (Ivory): Glatt rechts str.

Haare

53.-56. Rd (Deep Amber): Glatt rechts str.
57. Rd: 4x jede 8. und 9. M rechts zusammenstr (= 32 M).
58. Rd: 4x jede 7. und 8. M rechts zusammenstr (= 28 M).
59. Rd: 4x jede 6. und 7. M rechts zusammenstr (= 24 M).
60. Rd: 4x jede 5. und 6. M rechts zusammenstr (= 20 M).
61. Rd: 4x jede 4. und 5. M rechts zusammenstr (= 16 M).
62. Rd: 4x jede 3. und 4. M rechts zusammenstr (= 12 M).
63. Rd: 4x jede 2. und 3. M rechts zusammenstr (= 8 M).
Den Faden abschneiden und durch die restlichen M ziehen.

Kapuze

Durch 34 M der letzten Rd des Pullovers nacheinander die 4 Spielnd schieben (siehe Basisanleitung, Seite 5) – die vorderen mittleren 2 M bleiben unbearbeitet – und in Jaffa wie folgt in R str: 3 M kraus rechts, 28 M glatt rechts, 3 M kraus rechts. In dieser Einteilung 14 R str und dann mit den Abnahmen für die Kapuze beginnen:
1. R: 20 M rechts, 2 M rechts überzogen zusammenstr. Die Arbeit wenden.
2. R: 1 M wie zum Linksstr abheben, 6 M links, 2 M links zusammenstr. Die Arbeit wenden.
3. R: 1 M wie zum Rechtsstr abheben, 6 M rechts, 2 M rechts überzogen zusammenstr.
Die 2. und 3. R fortlaufend wdh, bis seitlich alle M verstrickt sind.
In der nächsten Hinr alle M abk.

Fertigstellen

Siehe auch Basisanleitung Seite 2-5. Bis auf den Anschlagfaden alle Fäden vernähen. Den Kopf in der 1. Rd des Gesichts in Ivory abbinden, vor dem Festziehen mit Füllwatte ausstopfen. Den Faden nicht abschneiden, er wird noch zum Abnähen der Arme benötigt. Den Körper ausstopfen und mit dem Anschlagfaden die untere Öffnung schließen. Den Faden nicht abschneiden, sondern mittig bis zum Hosenende die Beine markieren. Mit dem Abbindefaden des Kopfes seitlich des Körpers die Arme abnähen, dabei von der hinteren Mitte aus die M wie folgt einteilen: 4,5 M für die erste Hälfte des Rückenteils, 9 M für den ersten Arm, 9 M für das Vorderteil, 9 M für den zweiten Arm und 4,5 M für die zweite Hälfte des Rückenteils. Die Arme von der viertletzten Rd des Pullovers bis zum Beginn der Hose abnähen. Die Augen in Schwarz vorne mittig in die 8. Rd des Gesichts, 4 M voneinander entfernt, aufsticken. In Deep Amber einen Seitenscheitel andeuten.

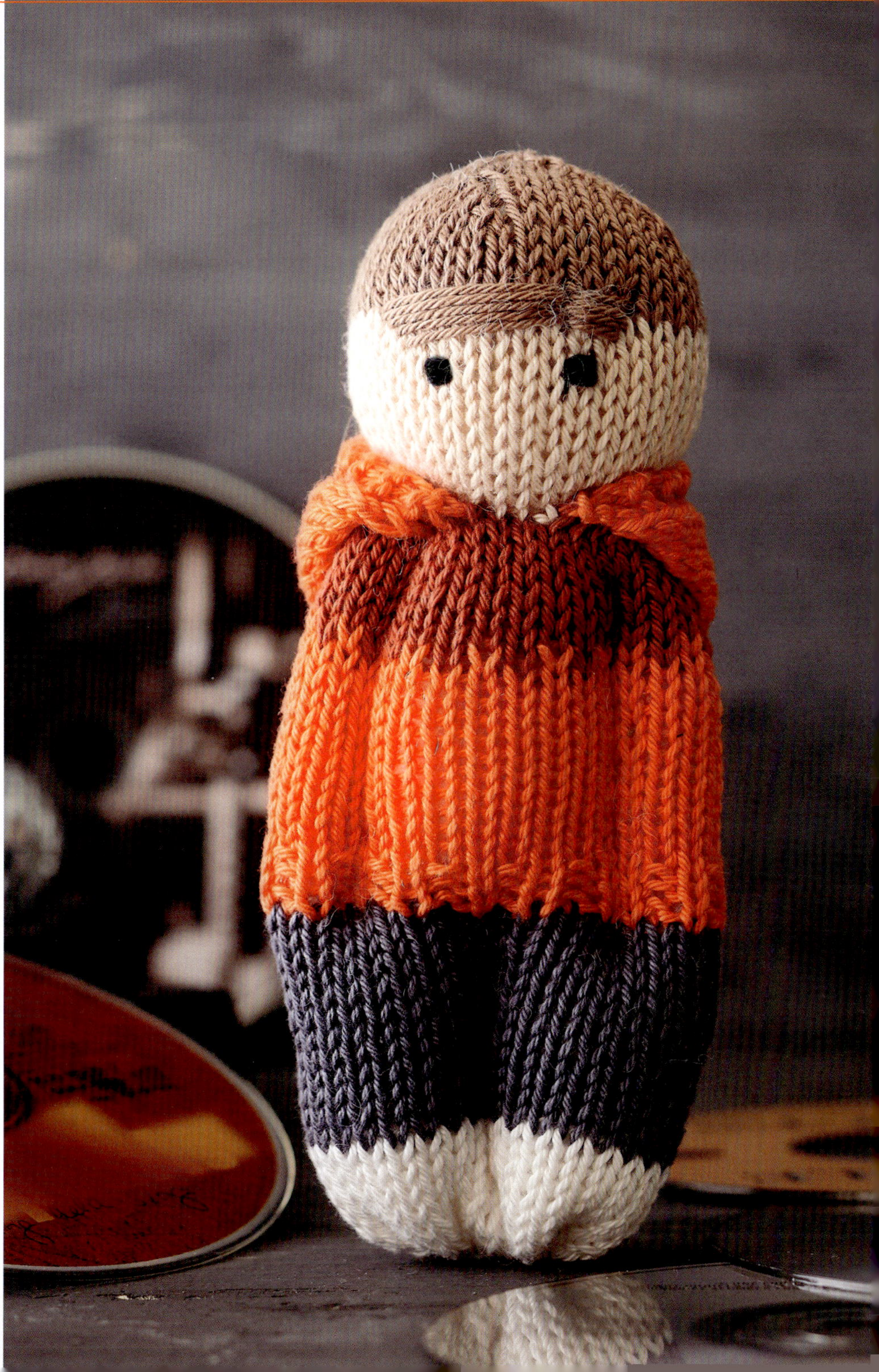

GRÖSSE
ca. 17 cm

MATERIAL
- Schachenmayr Catania (LL 125 m/50 g) in Natur (Fb 105), Graphit (Fb 393), Jaffa (Fb 189), Terracotta (Fb 388), Ivory (Fb 436), Deep Amber (Fb 438) und Schwarz (Fb 110), Reste
- Nadelspiel 3,0 mm
- Füllwatte zum Ausstopfen
- Wollnadel

MASCHEN-PROBE
Glatt rechts mit Nd 3,0 mm 26 M und 36 Rd/R = 10 cm x 10 cm

Nesthäkchen

gut gelaunt mit Zöpfen

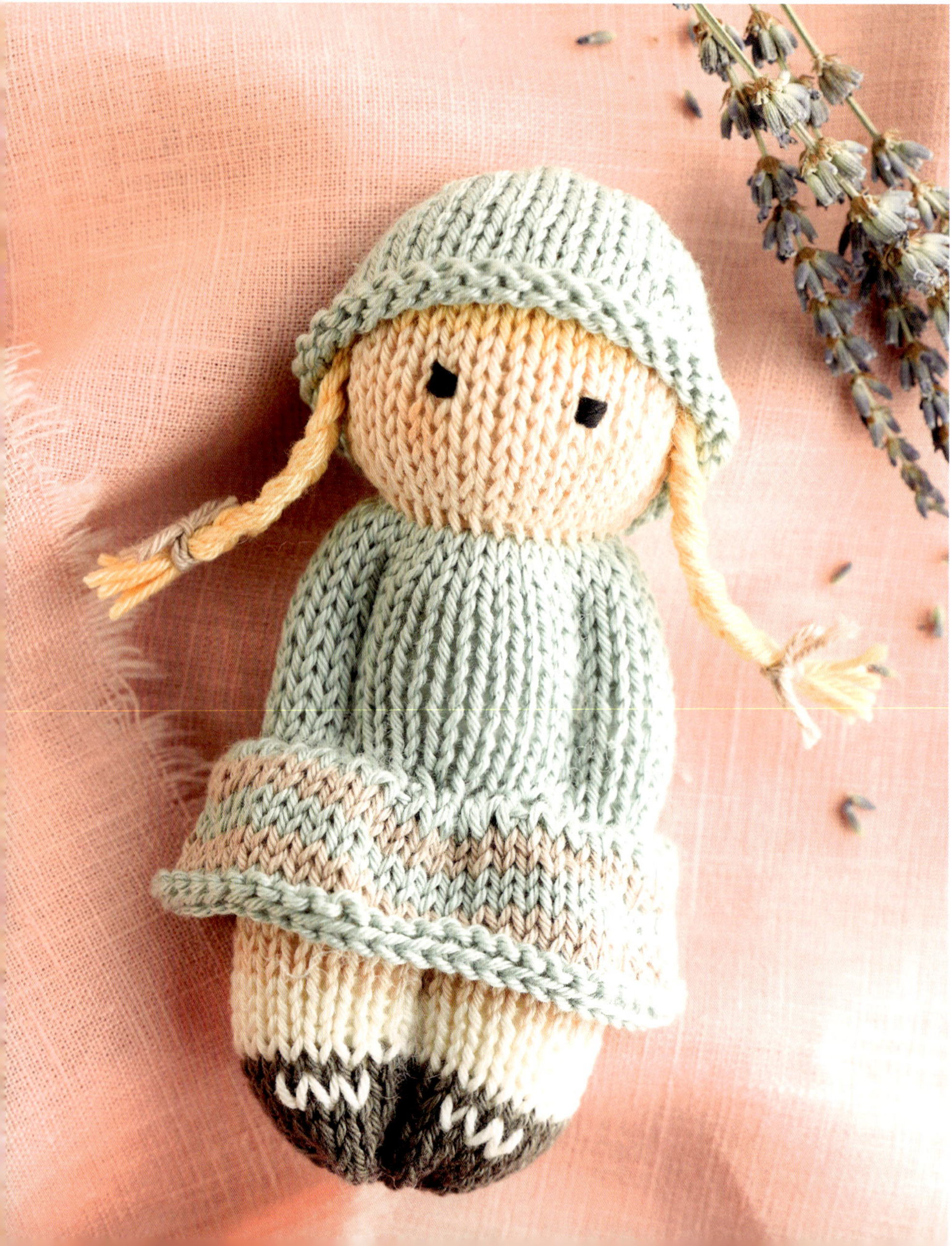

GRÖSSE
ca. 16 cm

MATERIAL

- Schachenmayr Catania (LL 125 m/50 g) in Fango (Fb 387), Natur (Fb 105), Reseda (Fb 402), Ivory (Fb 436), Honig (Fb 206), Bast (Fb 257) und Schwarz (Fb 110), Reste
- Nadelspiel 3,0 mm
- Füllwatte zum Ausstopfen
- Wollnadel
- Wattestäbchen
- Rouge

MASCHEN-PROBE
Glatt rechts mit Nd 3,0 mm 26 M und 36 Rd = 10 cm x 10 cm

Glatt rechts

In Rd alle M rechts str.

Anleitung

Körper

In Fango 32 M anschl, gleichmäßig auf 4 Spielnd verteilen (= 8 M je Nd) und zur Rd schließen.

Schuhe

1.-6. Rd: Glatt rechts str.

Strümpfe

7.-10. Rd (Natur): Glatt rechts str.

Beine

11.-17. Rd (Ivory): Glatt rechts str.

Oberteil

18.-33. Rd (Reseda): Glatt rechts str.

Gesicht

34.-42. Rd (Ivory): Glatt rechts str.

Haare

43.-45. Rd (Honig): Glatt rechts str.
46. Rd: 4x jede 7. und 8. M rechts zusammenstr (= 28 M).
47. Rd: 4x jede 6. und 7. M rechts zusammenstr (= 24 M).
48. Rd: 4x jede 5. und 6. M rechts zusammenstr (= 20 M).
49. Rd: 4x jede 4. und 5. M rechts zusammenstr (= 16 M).
50. Rd: 4x jede 3. und 4. M rechts zusammenstr (= 12 M).
51. Rd: 4x jede 2. und 3. M rechts zusammenstr (= 8 M).
Den Faden abschneiden und durch die restlichen M ziehen.

Rock

Durch die 4. Rd des Oberteils in Reseda nacheinander die 4 Spielnd schieben (siehe Basisanleitung, Seite 5). Den Rd-Anfang bildet die hintere Mitte.
1. Rd (Reseda): Rechte M str.
2. Rd: * 1 M rechts, 1 M verdoppeln, ab * fortlaufend wdh (= 48 M).
3.+4. Rd (Bast): Glatt rechts str.
5.+6. Rd (Reseda): Glatt rechts str.
7.-10. Rd: Die 3.-6. Rd 1x wdh.
11. Rd (Reseda): Rechte M str.
12. Rd (Reseda): Linke M str.
13. Rd: Rechte M str und dabei alle M abk.

Mütze

In Reseda 34 M anschl, gleichmäßig auf 4 Spielnd verteilen (= 9-8-9-8 M) und zur Rd schließen.
1.-10. Rd: Glatt rechts str.
11. Rd: [7 M rechts, 2 M rechts zusammenstr, 6 M rechts, 2 M rechts zusammenstr] 2x (= 30 M).
12. Rd: [6 M rechts, 2 M rechts zusammenstr, 5 M rechts, 2 M rechts zusammenstr] 2x (= 26 M).
13. Rd: [5 M rechts, 2 M rechts zusammenstr, 4 M rechts, 2 M rechts zusammenstr] 2x (= 22 M).
14. Rd: [4 M rechts, 2 M rechts zusammenstr, 3 M rechts, 2 M rechts zusammenstr] 2x (= 18 M).
15. Rd: [3 M rechts, 2 M rechts zusammenstr, 2 M rechts, 2 M rechts zusammenstr] 2x (= 14 M).
16. Rd: [2 M rechts, 2 M rechts zusammenstr, 1 M rechts, 2 M rechts zusammenstr] 2x (= 10 M).
Den Faden abschneiden und durch die restlichen M ziehen.

Fertigstellen

Siehe auch Basisanleitung Seite 2-5. Ein kleines Riemchen am Schuh wie folgt andeuten: In der vorletzten Rd des Schuhs jeweils 2 M von der vorderen Mitte nach links und rechts unbestickt lassen, dann in beide Richtungen in Natur drei Stiche im M-Stich sticken. Bis auf den Anschlagfaden alle Fäden vernähen. Den Kopf in der 1. Rd des Gesichts in Ivory abbinden, vor dem Festziehen mit Füllwatte ausstopfen. Den Faden nicht abschneiden, er wird noch zum Abnähen der Arme benötigt. Den Körper ausstopfen und mit dem Anschlagfaden die untere Öffnung schließen. Den Faden nicht abschneiden, sondern mittig bis zur 2. Rd des Oberteils die Beine markieren. Mit dem Abbindefaden des Kopfes seitlich des Körpers die Arme abnähen, dabei von der hinteren Mitte aus die M wie folgt einteilen: 4 M für die erste Hälfte des Rückenteils, 8 M für den ersten Arm, 8 M für das Vorderteil, 8 M für den zweiten Arm und 4 M für die zweite Hälfte des Rückenteils. Die Arme von der viertletzten Rd des Oberteils bis zum Beginn des Rocks abnähen. Die Augen in Schwarz vorne mittig in die 7. Rd des Gesichts, 4 M voneinander entfernt, aufsticken. Für die Zöpfe sechs ca. 20 cm lange Fäden je Zopf in Honig durch die 8. und 9. M und die 24. und 25. M der 1. Haar-Rd ziehen und flechten. Die Enden mit einer kleinen Schleife in Bast fixieren. Mit etwas Rouge die Wangen andeuten.

Bauer Hanno und Benno

unzertrennlich

GRÖSSE
Bauer: ca. 17 cm
Hund: ca. 12 cm

MATERIAL
- Nadelspiel 3,0 mm
- Füllwatte zum Ausstopfen
- Wollnadel

BAUER
- Schachenmayr Catania (LL 125 m/50 g) in Marone (Fb 157), Camouflage (Fb 414), Denim (Fb 421), Ivory (Fb 436), Fango (Fb 387) und Schwarz (Fb 110), Reste

HUND
- Schachenmayr Catania (LL 125 m/50 g) in Sun-Kissed (Fb 437), Natur (Fb 105) und Schwarz (Fb 110), Reste

MASCHENPROBE
Glatt rechts mit Nd 3,0 mm
26 M und 36 R/Rd = 10 cm x 10 cm

Glatt rechts

In Hinr rechte M, in Rückr linke M str, bzw. in Rd alle M rechts str.

Kraus rechts

In Hinr und Rückr rechte M str.

Knötchenrand (Hosenlatz Bauer)

Die 1. und letzte M jeder R rechts str.

Bauer

Körper

In Marone 36 M anschl, gleichmäßig auf 4 Spielnd verteilen (= 9 M je Nd) und zur Rd schließen.

Schuhe
1.-7. Rd: Glatt rechts str.

Hose
8.-23. Rd (Camouflage): Glatt rechts str.

Pullover
24.-40. Rd (Denim): Glatt rechts str.

Gesicht
41.-50. Rd (Ivory): Glatt rechts str.

Haare
51.+52. Rd (Marone): Glatt rechts str.

Hut
53.-56. Rd (Fango): Glatt rechts str.
57. Rd: 4x jede 8. und 9. M rechts zusammenstr (= 32 M).
58. Rd: 4x jede 7. und 8. M rechts zusammenstr (= 28 M).
59. Rd: 4x jede 6. und 7. M rechts zusammenstr (= 24 M).
60. Rd: 4x jede 5. und 6. M rechts zusammenstr (= 20 M).
61. Rd: 4x jede 4. und 5. M rechts zusammenstr (= 16 M).
62. Rd: 4x jede 3. und 4. M rechts zusammenstr (= 12 M).
63. Rd: 4x jede 2. und 3. M rechts zusammenstr (= 8 M).
Den Faden abschneiden und durch die restlichen M ziehen.

Hutkrempe

Durch die 1. Rd des Hutes nacheinander die 4 Spielnd schieben (siehe Basisanleitung, Seite 5). Den Rd-Anfang bildet die hintere Mitte.
1. Rd (Fango): Rechte M str.
2. Rd: * 5 M rechts, 1 M verdoppeln, ab * fortlaufend wdh (= 42 M).
3. Rd: * 6 M rechts, 1 M verdoppeln, ab * fortlaufend wdh (= 48 M).
4. Rd: * 7 M rechts, 1 M verdoppeln, ab * fortlaufend wdh (= 54 M).
5. Rd: Linke M str und dabei alle M abk.

Hosenlatz

Die mittleren 9 M aus der letzten Rd der Hose auf eine Spielnd schieben (siehe Basisanleitung, Seite 5). Über diese 9 M in Camouflage glatt rechts in R str, dabei die Rdm als Knötchenrand arb. In der 11. R alle M abk.

... weiter geht es auf Seite 14

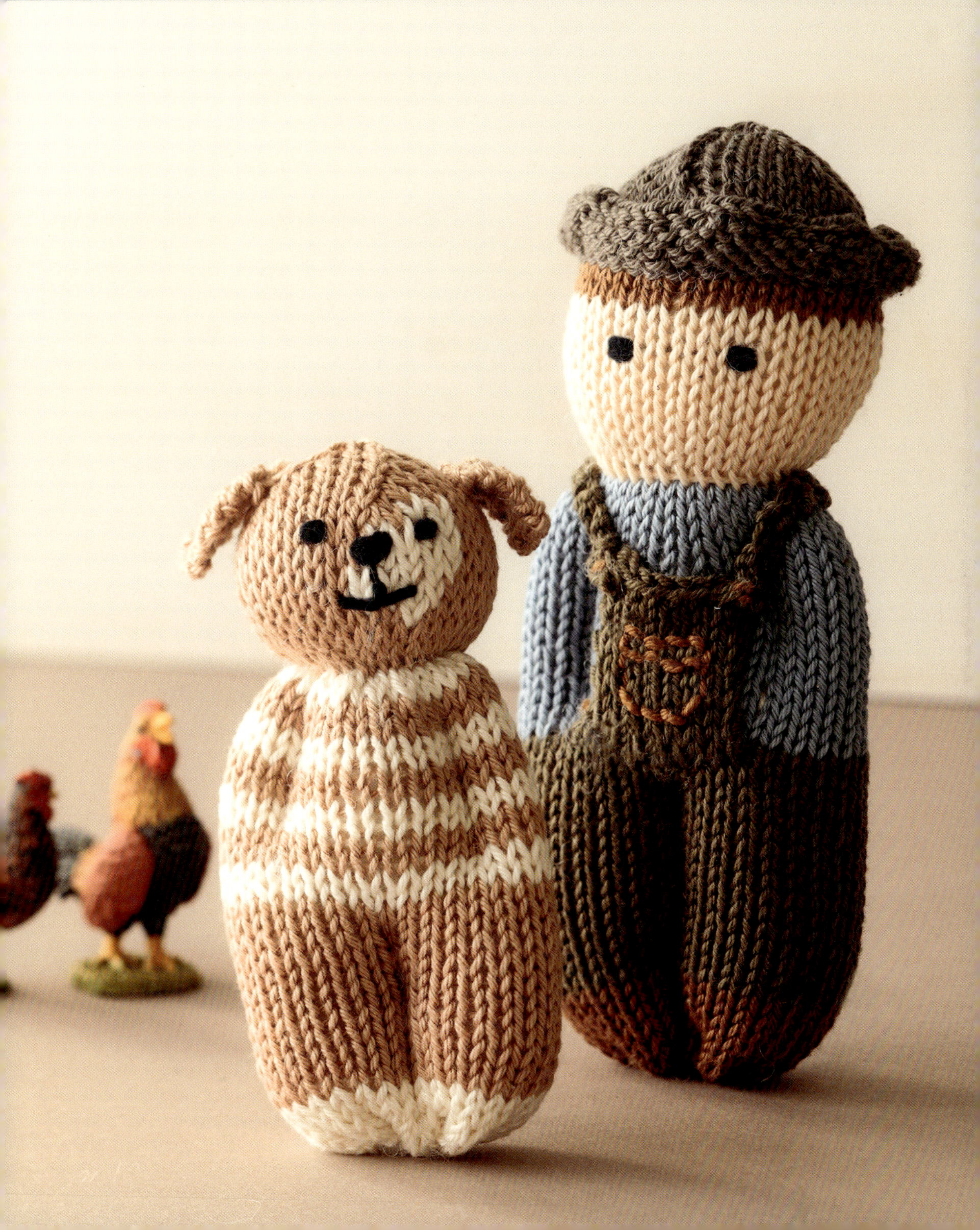

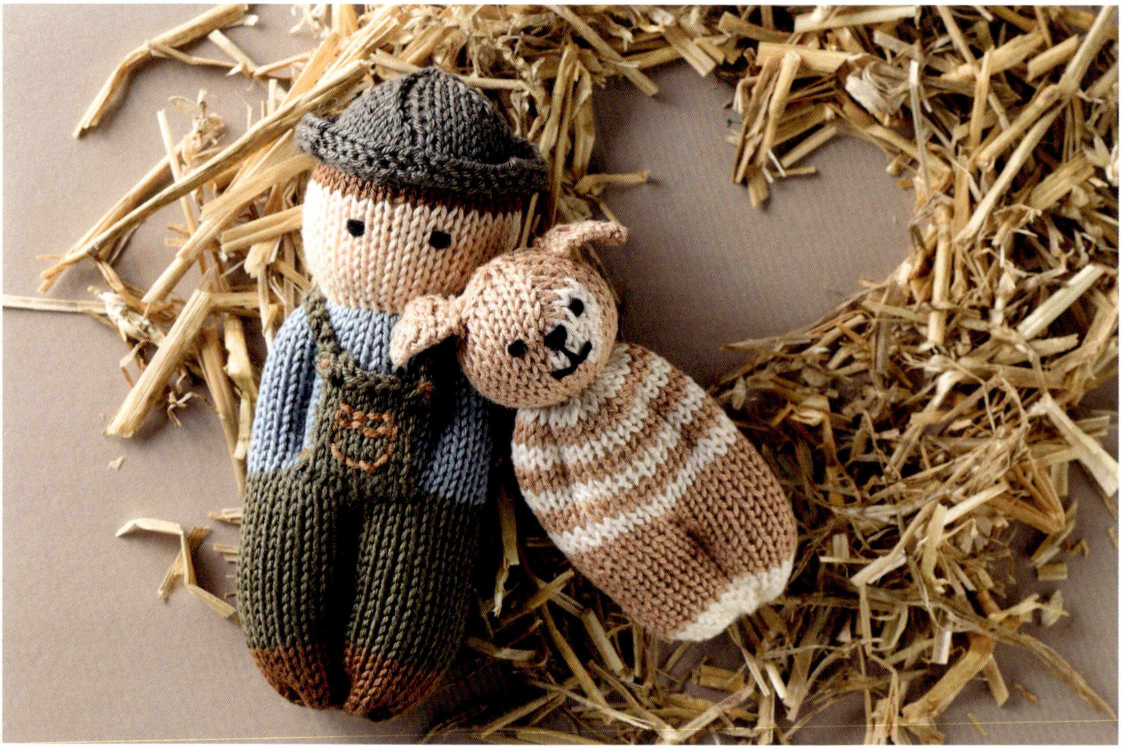

Fertigstellen

Siehe auch Basisanleitung Seite 2-5. Bis auf den Anschlagfaden alle Fäden vernähen oder verknoten. Den Kopf in der 1. Rd des Gesichts in Ivory abbinden, vor dem Festziehen mit Füllwatte ausstopfen. Den Faden nicht abschneiden, er wird noch zum Abnähen der Arme benötigt. Den Körper ausstopfen und mit dem Anschlagfaden die untere Öffnung schließen. Den Faden nicht abschneiden, sondern mittig bis 4 Rd vor Hosenende die Beine markieren.

Mit dem Abbindefaden des Kopfes seitlich des Körpers die Arme abnähen, dabei von der hinteren Mitte aus die M wie folgt einteilen: 4,5 M für die erste Hälfte des Rückenteils, 9 M für den ersten Arm, 9 M für das Vorderteil, 9 M für den zweiten Arm und 4,5 M für die zweite Hälfte des Rückenteils. Die Arme von der viertletzten Rd des Pullovers bis zum Beginn der Hose abnähen. Die Augen in Schwarz vorne mittig in die 8. Rd des Gesichts, 4 M voneinander entfernt, aufsticken. Für die Hosenträger von der hinteren Mitte aus gesehen jeweils die ersten 3 M in beiden Richtungen unbearbeitet lassen, dann jeweils die 4. und 5. M auf eine Spielnd schieben (siehe Basisanleitung, Seite 5). Über diese 2 M in Camouflage jeweils 32 R kraus rechts str. Alle M abk. Die Träger hinten verkreuzen und vorne an die obere Kante des Hosenlatzes nähen. In Marone eine kleine Tasche und zwei Knöpfe auf den Hosenlatz sticken.

Hund

Körper

In Natur 32 M anschl, gleichmäßig auf 4 Spielnd verteilen (= 8 M je Nd) und zur Rd schließen.

Pfoten
1.-5. Rd: Glatt rechts str.

Beine
6.-17. Rd (Sun-Kissed): Glatt rechts str.

Oberteil
18.+19. Rd (Natur): Glatt rechts str.
20.+21. Rd (Sun-Kissed): Glatt rechts str.
22.-29. Rd: Die 18.-21. Rd noch 2x wdh.
30.+31. Rd (Natur): Glatt rechts str.

Kopf
32.-40. Rd (Sun-Kissed): Glatt rechts str.
41. Rd: * 2 M rechts zusammenstr, 6 M rechts, ab * noch 3x wdh (= 28 M).
42. Rd: * 2 M rechts zusammenstr, 5 M rechts, ab * noch 3x wdh (= 24 M).
43. Rd: * 2 M rechts zusammenstr, 4 M rechts, ab * noch 3x wdh (= 20 M).
44. Rd: * 2 M rechts zusammenstr, 3 M rechts, ab * noch 3x wdh (= 16 M).
45. Rd: * 2 M rechts zusammenstr, 2 M rechts, ab * noch 3x wdh (= 12 M).
46. Rd: * 2 M rechts zusammenstr, 1 M rechts, ab * noch 3x wdh (= 8 M).
Den Faden abschneiden und durch die restlichen M nach innen ziehen.

Ohren (2x)

Die seitlichen 4 M jeweils auf eine Spielnd schieben (siehe Basisanleitung, Seite 5) und wie folgt kraus rechts str:
1. R (Sun-Kissed): Rechte M str.
2. R: 1 M rechts, 2x je 1 M verdoppeln, 1 M rechts (= 6 M).
3.-8. R: Kraus rechts str.
9. R: 1 M rechts, 2 M rechts zusammenstr, 2 M rechts überzogen zusammenstr, 1 M rechts (= 4 M).
10.+11. R: Kraus rechts str, dabei in der 11. R alle M abk.

Fertigstellen

Siehe auch Basisanleitung Seite 2-5. Bis auf den Anschlagfaden alle Fäden vernähen. Das Gesicht laut Strickschrift in Natur im M-Stich aufsticken. In der Strickschrift ist die vordere Hälfte des Kopfes dargestellt.
Den Kopf in der 1. Rd des Kopfes in Sun-Kissed abbinden, vor dem Festziehen mit Füllwatte ausstopfen. Den Faden nicht abschneiden, er wird noch zum Abnähen der Arme benötigt. Den Körper ausstopfen und mit dem Anschlagfaden die untere Öffnung schließen. Den Faden nicht abschneiden, sondern die Beine mittig bis zur drittletzten Rd der Beine markieren. Mit dem Abbindefaden des Kopfes seitlich des Körpers die Arme abnähen, dabei von der hinteren Mitte aus die M wie folgt einteilen: 4 M für die erste Hälfte des Rückenteils, 8 M für den ersten Arm, 8 M für das Vorderteil, 8 M für den zweiten Arm und 4 M für die zweite Hälfte des Rückenteils. Die Arme von der drittletzten Rd des Oberteils bis zum Beginn abnähen. Die Augen in Schwarz vorne mittig in die 8. Rd des Kopfes, 4 M voneinander entfernt, aufsticken, die Nase mittig darunter.

Strickschrift Gesicht Hund

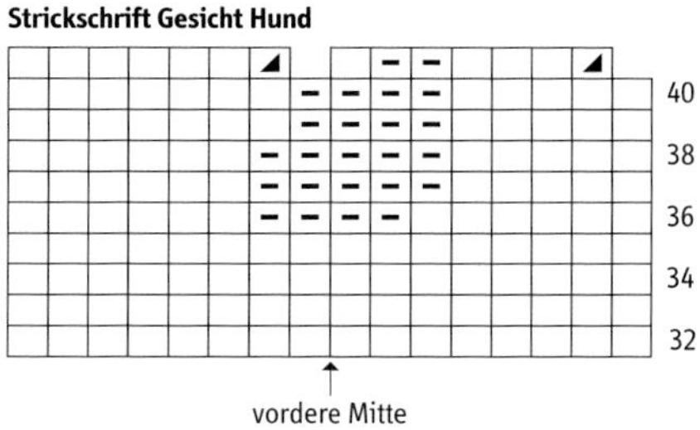

[–] = 1 Masche im Maschenstich in Natur
z = 1 Masche in Sun-Kissed
e = 2 zusammengestrickte Maschen in Sun-Kissed

Rosalinde Rosarot

immer ausgehfein

Glatt rechts

In Rd alle M rechts str.

Kraus rechts

In Hin- und Rückr rechte M str.

Anleitung

Körper

In Fango 36 M anschl, gleichmäßig auf 4 Spielnd verteilen (= 9 M je Nd) und zur Rd schließen.

Schuhe
1.-6. Rd: Glatt rechts str.

Strümpfe
7.-10. Rd (Natur): Glatt rechts str.

Beine
11.-19. Rd (Ivory): Glatt rechts str.

Oberteil
20.+21. Rd (Vintage): Glatt rechts str.
22.+23. Rd (Marsalarot): Glatt rechts str.
24.-39. Rd: Die 20.-23. Rd noch 4x wdh.
40.+41. Rd (Vintage): Glatt rechts str.

Gesicht
42.-52. Rd (Ivory): Glatt rechts str.

Haare
53.-55. Rd (Sun-Kissed): Glatt rechts str.
56. Rd: 4x jede 8. und 9. M rechts zusammenstr (= 32 M).
57. Rd: 4x jede 7. und 8. M rechts zusammenstr (= 28 M).
58. Rd: 4x jede 6. und 7. M rechts zusammenstr (= 24 M).
59. Rd: 4x jede 5. und 6. M rechts zusammenstr (= 20 M).
60. Rd: 4x jede 4. und 5. M rechts zusammenstr (= 16 M).
61. Rd: 4x jede 3. und 4. M rechts zusammenstr (= 12 M).
62. Rd: 4x jede 2. und 3. M rechts zusammenstr (= 8 M).
Den Faden abschneiden und durch die restlichen M ziehen.

Rock

Durch die 4. Rd des Oberteils nacheinander die 4 Spielnd (siehe Basisanleitung, Seite 5) schieben. Den Rd-Anfang bildet die hintere Mitte.
1. Rd (Marsalarot): Rechte M str.
2. Rd: * 1 M rechts, 1 M verdoppeln, ab * fortlaufend wdh (= 54 M).
3.-11. Rd: Glatt rechts str.
12. Rd: Linke M str.
13. Rd: Rechte M str und dabei alle M abk.

Stirnband

In Marsalarot 4 M anschl und kraus rechts in R str.
1.-38. R: Kraus rechts str.
39. R: 2 M auf einer Hilfsnd vor die Arbeit legen, 2 M rechts str, dann die M der Hilfsnd rechts str.
40.-77. R: Kraus rechts str.
78. R: Alle M abk.
Das Stirnband zur Hälfte falten und die Anschlagkante mit der Abkettkante zusammennähen.

Fertigstellen

Siehe auch Basisanleitung Seite 2-5.
Ein kleines Riemchen am Schuh wie folgt andeuten: In der vorletzten Reihe des Schuhs jeweils 2 M von der vorderen Mitte nach links und rechts unbestickt lassen, dann in beide Richtungen drei Stiche in Natur im M-Stich sticken (siehe Foto). Bis auf den Anschlagfaden alle Fäden vernähen. Den Kopf in der 1. Rd des Gesichts in Ivory abbinden, vor dem Festziehen mit Füllwatte ausstopfen. Den Faden nicht abschneiden, er wird noch zum Abnähen der Arme benötigt. Den Körper ausstopfen und mit dem Anschlagfaden die untere Öffnung schließen. Den Faden nicht abschneiden, sondern mittig bis zum Beginn des Oberteils die Beine markieren. Mit dem Abbindefaden des Kopfes seitlich des Körpers die Arme abnähen, dabei von der hinteren Mitte aus die M wie folgt einteilen: 4,5 M für die erste Hälfte des Rückenteils, 9 M für den ersten Arm, 9 M für das Vorderteil, 9 M für den zweiten Arm und 4,5 M für die zweite Hälfte des Rückenteils. Die Arme von der viertletzten Rd des Oberteils bis zum Beginn des Rocks abnähen. Die Augen in Schwarz vorne mittig in die 9. Rd des Gesichts, 4 M voneinander entfernt, aufsticken. In Sun-Kissed einen Pagenkopf aufsticken (siehe Foto). Mit etwas Rouge die Wangen andeuten. Das Stirnband auf den Kopf ziehen, nach Belieben mit ein paar Stichen annähen.

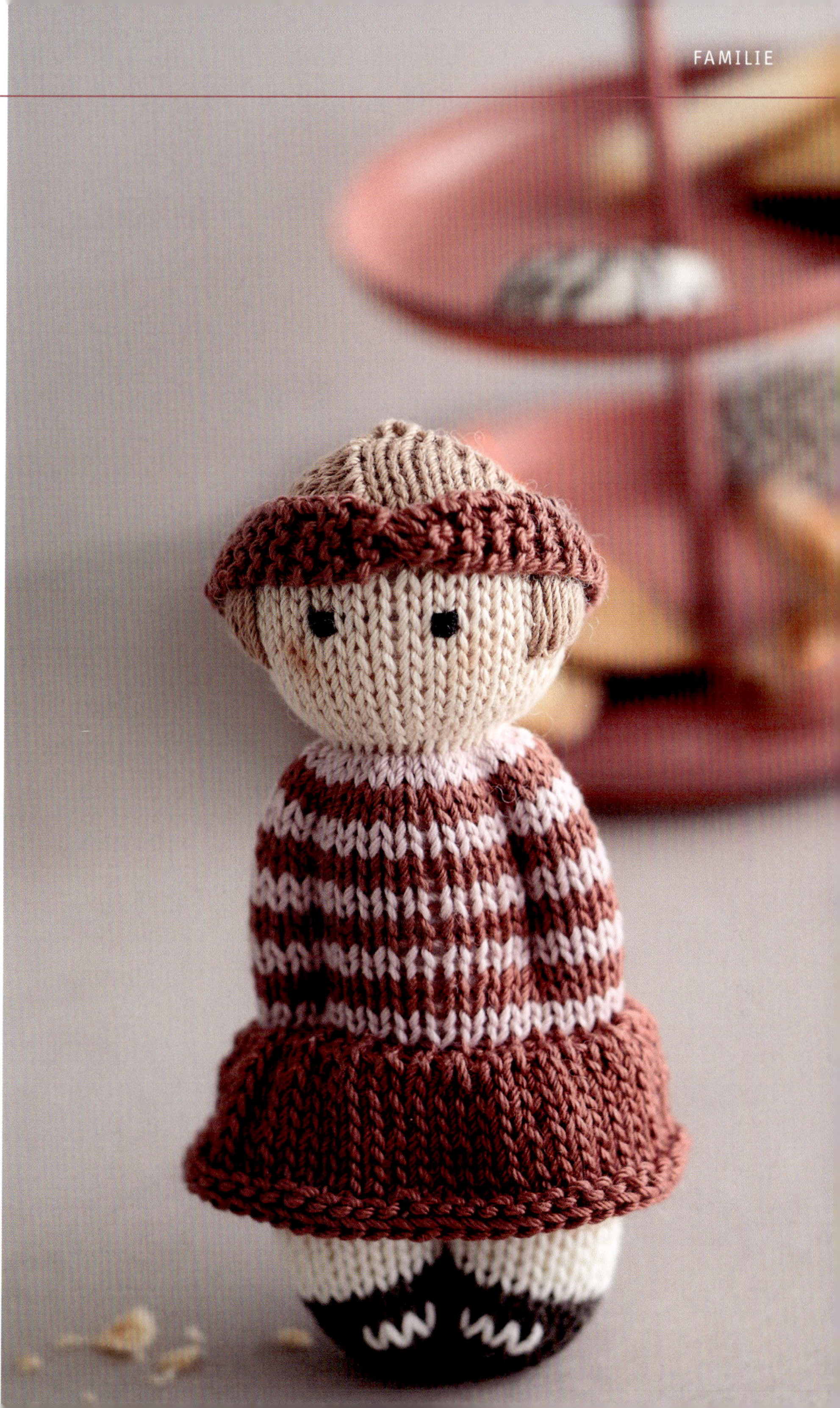

GRÖSSE
ca. 17 cm

MATERIAL
- Schachenmayr Catania (LL 125 m/50 g) in Fango (Fb 387), Natur (Fb 105), Marsalarot (Fb 396), Vintage (Fb 423), Sun-Kissed (Fb 437), Ivory (Fb 436) und Schwarz (Fb 110), Reste
- Nadelspiel 3,0 mm
- Füllwatte zum Ausstopfen
- Wollnadel
- Wattestäbchen
- Rouge

MASCHEN-PROBE
Glatt rechts mit Nd 3,0 mm 26 M und 36 Rd = 10 cm x 10 cm

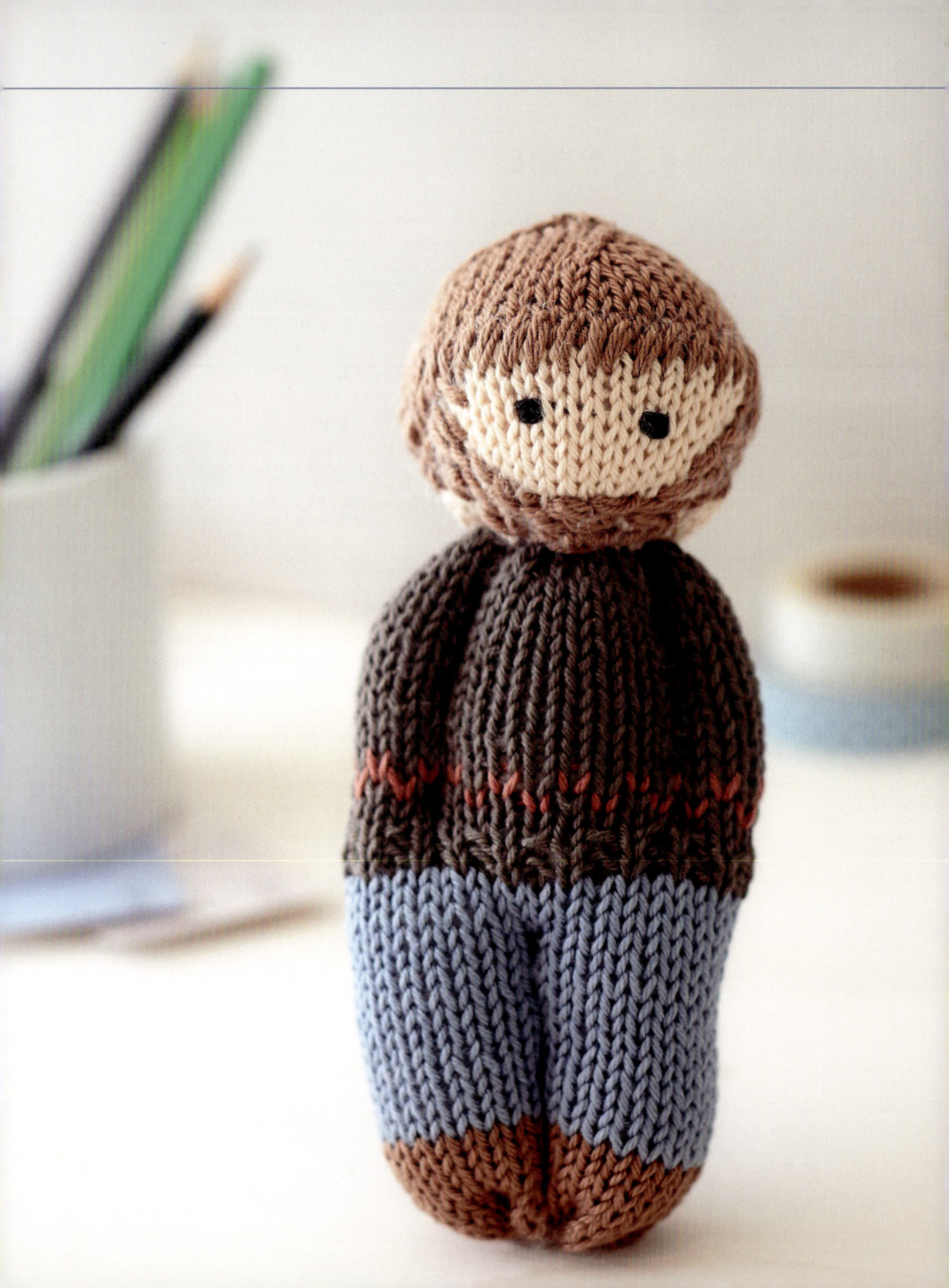

Paul

Man(n) trägt Vollbart

GRÖSSE
ca. 19 cm

MATERIAL
- Schachenmayr Catania (LL 125 m/50 g) in Deep Amber (Fb 438), Denim (Fb 421), Fango (Fb 387), Marsalarot (Fb 396), Sun-Kissed (Fb 437), Ivory (Fb 436) und Schwarz (Fb 110), Reste
- Nadelspiel 3,0 mm
- Füllwatte zum Ausstopfen
- Wollnadel

MASCHENPROBE
Glatt rechts mit Nd 3,0 mm
26 M und 36 Rd
= 10 cm x 10 cm

Glatt rechts

In Rd alle M rechts str.

Rippenmuster

In Rd 1 M rechts, 1 M links im Wechsel str.

Anleitung

Körper

In Deep Amber 36 M anschl, gleichmäßig auf 4 Spielnd verteilen (= 9 M je Nd) und zur Rd schließen.

Schuhe
1.-7. Rd: Glatt rechts str.

Hose
11.-21. Rd (Denim): Glatt rechts str.

Oberteil
22. Rd (Fango): Glatt rechts str.
23.+24. Rd: Im Rippenmuster str.
25. Rd: Glatt rechts str.
26. Rd: In Jacquardtechnik glatt rechts 1 M in Fango, 1 M in Marsalarot in Wechsel str.
27. Rd: In Jacquardtechnik glatt rechts 1 M in Marsalarot, 1 M in Fango im Wechsel str.
28.-41. Rd (Fango): Glatt rechts str.

Gesicht
42.-53. Rd (Ivory): Glatt rechts str.

Haare
53.-57. Rd (Sun-Kissed): Glatt rechts str.
58. Rd: 4x jede 8. und 9. M rechts zusammenstr (= 32 M).
59. Rd: 4x jede 7. und 8. M rechts zusammenstr (= 28 M).
60. Rd: 4x jede 6. und 7. M rechts zusammenstr (= 24 M).
61. Rd: 4x jede 5. und 6. M rechts zusammenstr (= 20 M).
62. Rd: 4x jede 4. und 5. M rechts zusammenstr (= 16 M).
63. Rd: 4x jede 3. und 4. M rechts zusammenstr (= 12 M).
64. Rd: 4x jede 2. und 3. M rechts zusammenstr (= 8 M).
Den Faden abschneiden und durch die restlichen M ziehen.

Fertigstellen

Siehe auch Basisanleitung Seite 2-5.
Bis auf den Anschlagfaden alle Fäden vernähen. Den Kopf in der 1. Rd des Gesichts in Ivory abbinden, vor dem Festziehen mit Füllwatte ausstopfen. Den Faden nicht abschneiden, er wird noch zum Abnähen der Arme benötigt. Den Körper ausstopfen und mit dem Anschlagfaden die untere Öffnung schließen. Den Faden nicht abschneiden, sondern mittig bis zur drittletzten Rd der Hose die Beine markieren. Mit dem Abbindefaden des Kopfes seitlich des Körpers die Arme abnähen, dabei von der hinteren Mitte aus die M wie folgt einteilen: 4,5 M für die erste Hälfte des Rückenteils, 9 M für den ersten Arm, 9 M für das Vorderteil, 9 M für den zweiten Arm und 4,5 M für die zweite Hälfte des Rückenteils. Die Arme von der drittletzten Rd des Oberteils bis zum Beginn des Oberteils abnähen. Die Augen in Schwarz vorne mittig in die 9. Rd des Gesichts, 4 M voneinander entfernt, aufsticken. In Deep Amber den Bart und die Haare aufsticken.

Frisch verheiratet

Lasst uns feiern!

GRÖSSE
jeweils ca. 20 cm

MATERIAL
- Füllwatte zum Ausstopfen
- Wollnadel

BRAUT
- Schachenmayr Catania (LL 125 m/50 g) in Natur (Fb 105), Ivory (Fb 436), Honig (Fb 206), Reseda (Fb 402), Vintage (Fb 423) und Schwarz (Fb 110), Reste
- Glitzerfaden in Gold, Rest
- Nadelspiel 3,0 mm
- 2 Maschenmarkierer
- Wattestäbchen
- Rouge

BRÄUTIGAM
- Schachenmayr Catania (LL 125 m/50 g) in Marine (Fb 124), Sun-Kissed (Fb 437), Ivory (Fb 436), Natur (Fb 105), Vintage (Fb 423), Deep Amber (Fb 438) und Schwarz (Fb 110), Reste
- 2 Nadeln eines Nadelspiels 3,0 mm oder Rundstricknadel 3,0 mm, 40 oder 60 cm lang

MASCHENPROBE
Glatt rechts mit Nd 3,0 mm
26 M und 36 R/Rd = 10 cm x 10 cm

Glatt rechts

In Hinr rechte M, in Rückr linke M str, bzw. in Rd alle M rechts str.

Kraus rechts

1 Rd rechte M, 1 Rd linke M im Wechsel str.

Braut

Körper

In Gold 36 M anschl, gleichmäßig auf 4 Spielnd verteilen (= 9 M je Nd) und zur Rd schließen.

Schuhe
1.-7. Rd: Glatt rechts str.

Beine
8.-23. Rd (Ivory): Glatt rechts str.

Oberteil
24.-42. Rd (Natur): Glatt rechts str.

Gesicht
43.-52. Rd (Ivory): Glatt rechts str.

Haare
53.-56. Rd (Honig): Glatt rechts str.
57. Rd: 4x jede 8. und 9. M rechts zusammenstr (= 32 M).
58. Rd: 4x jede 7. und 8. M rechts zusammenstr (= 28 M).
59. Rd: 4x jede 6. und 7. M rechts zusammenstr (= 24 M).
60. Rd: 4x jede 5. und 6. M rechts zusammenstr (= 20 M).
61. Rd: 4x jede 4. und 5. M rechts zusammenstr (= 16 M).
62. Rd: 4x jede 3. und 4. M rechts zusammenstr (= 12 M).
63. Rd: 4x jede 2. und 3. M rechts zusammenstr (= 8 M).
64. Rd: Jede M verdoppeln (= 16 M).
65. Rd: Glatt rechts str.
66. Rd: Jede 2. M verdoppeln (= 24 M).
67.+68. Rd: Glatt rechts str.
69. Rd: Jeweils 2 M rechts zusammenstr (= 12 M).
70. Rd: * 1 M rechts, 2 M rechts zusammenstr, ab * 4x arb (= 8 M).
Den Faden abschneiden und durch die restlichen M ziehen.

Rock

Durch die 4. Rd des Oberteils in Natur nacheinander die 4 Spielnd schieben (siehe Basisanleitung, Seite 5). Den Rd-Anfang bildet die hintere Mitte.
1. Rd (Natur): Glatt rechts str.
2. Rd: * 1 M rechts, 1 M verdoppeln, ab * fortlaufend wdh (= 54 M).
3. Rd: Glatt rechts str.
4. Rd: * 5 M rechts, 1 M verdoppeln, ab * fortlaufend wdh (= 63 M).
5.+6. Rd: Glatt rechts str.
7. Rd: Linke M str.
8.-10. Rd: Glatt rechts str.
11. Rd: Linke M str.
12. Rd: Rechte M str.
13. Rd: Linke M str.
14. Rd: * 2 M rechts zusammenstr, 1 U, ab * fortlaufend wdh, enden mit 1 M rechts.

... weiter geht es auf Seite 22

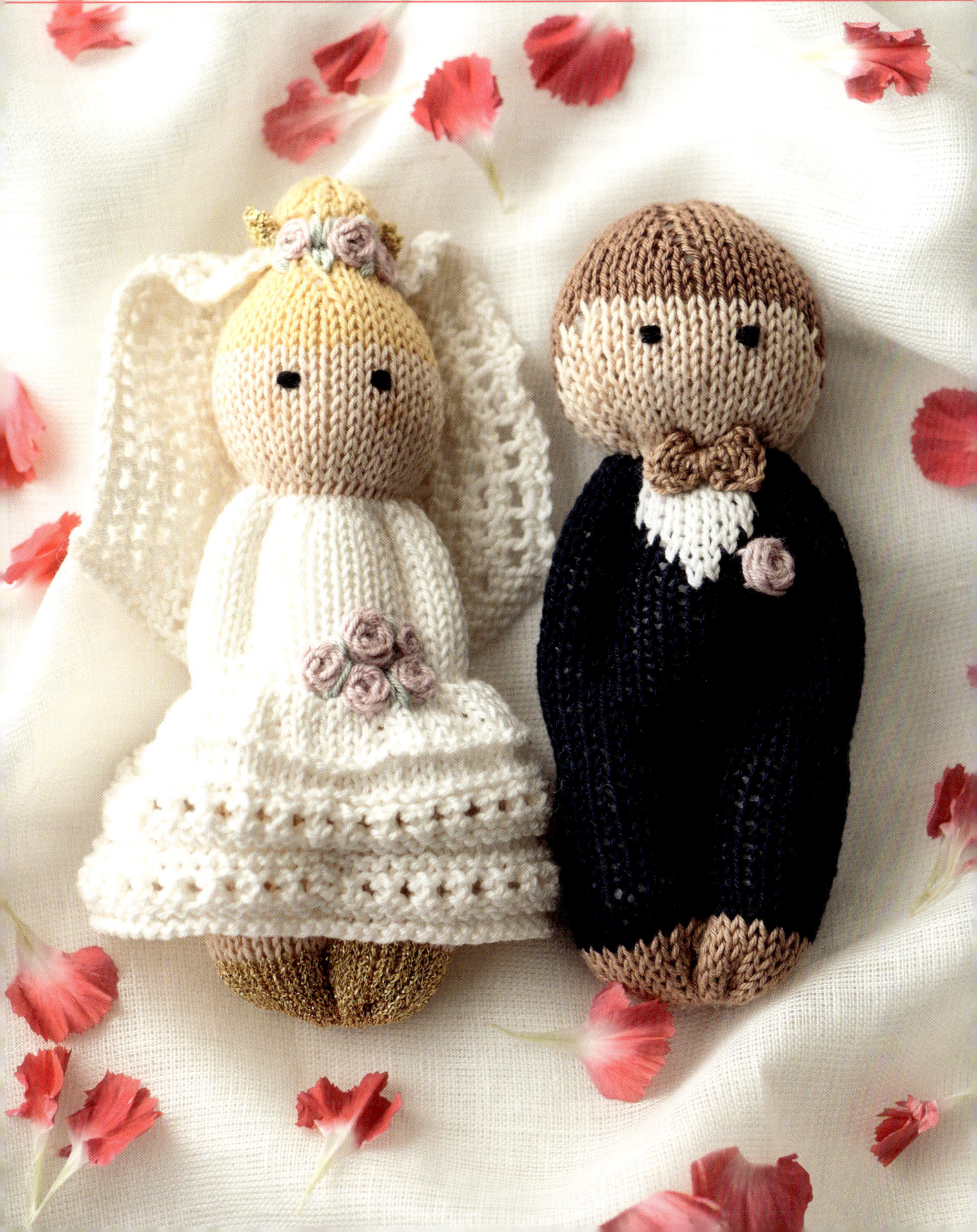

15. Rd: Linke M str.
16. Rd: Rechte M str.
17. Rd: Linke M str.
18.+19.Rd: Glatt rechts str.
20.-26. Rd: Die 11.-17. Rd 1x wdh.
27. Rd: Rechte M str.
28. Rd: Linke M str und dabei alle M abk.

Schleier

In Gold 19 M anschl.
1.-4. R: Glatt rechts str.
5.+6. R (Natur): Glatt rechts str, dabei zur besseren Orientierung in der 5. R jeweils einen M-Markierer vor und nach der Mittel-M einhängen und an den entsprechenden Stellen in jeder R überhängen.
7. R: 1 M rechts, * 2 M rechts zusammenstr, 1 U, ab * wdh bis zur Mittel-M, 1 M rechtsgeneigt zunehmen, die Mittel-M wie zum Rechtsstr abheben, 1 M linksgeneigt zunehmen, * 1 U, 2 M rechts überzogen zusammenstr, ab * wdh bis 1 M vor R-Ende, 1 M rechts (=21 M).
8. R: Linke M str.
9. R: 1 M rechts, * 2 M rechts zusammenstr, 1 U, ab * wdh bis 1 M vor der Mittel-M, 1 M rechts, 1 M rechtsgeneigt zunehmen, die Mittel-M wie zum Rechtsstr abheben, 1 M linksgeneigt zunehmen, 1 M rechts, * 1 U, 2 M rechts überzogen zusammenstr, ab * wdh bis 1 M vor R-Ende, 1 M rechts (=23 M).
10. R: Linke M str.
11.-22. R: Die 7.-10. R 3x wdh (=35 M).
23. R: 1 M rechts, * 2 M rechts zusammenstr, 1 U, ab * wdh bis zur Mittel-M, * 1 U, 2 M rechts überzogen zusammenstr, wdh bis 1 M vor R-Ende, 1 M rechts.
24. R: Linke M str.
25.-40. R: Die 23.-24. R noch 8x wdh.
41.+42. R: Kraus rechts str.
43. R: Rechte M str und dabei alle M abk.

Fertigstellen

Siehe auch Basisanleitung Seite 2-5. Bis auf den Anschlagfaden alle Fäden vernähen. Den Kopf in der 1. Rd des Gesichts in Ivory abbinden, vor dem Festziehen Kopf und Dutt mit Füllwatte ausstopfen. Den Faden nicht abschneiden, er wird noch zum Abnähen der Arme benötigt. Den Körper ausstopfen und mit dem Anschlagfaden die untere Öffnung schließen. Den Faden nicht abschneiden, sondern mittig bis 4 Rd vor Beginn des naturfarbenen Oberteils die Beine markieren. Mit dem Abbindefaden des Kopfes seitlich des Körpers die Arme abnähen, dabei von der hinteren Mitte aus die M wie folgt einteilen: 4,5 M für die erste Hälfte des Rückenteils, 9 M für den ersten Arm, 9 M für das Vorderteil, 9 M für den zweiten Arm und 4,5 M für die zweite Hälfte des Rückenteils. Die Arme von der zweitletzten Rd des Oberteils bis zum Beginn des Rocks abnähen. Die Augen in Schwarz vorne mittig in die 9. Rd des Gesichts, 4 M voneinander entfernt, aufsticken. Den Schleier am Übergang der goldenen zur naturfarbenen Kante um die hintere Hälfte des Dutts nähen. In Vintage um den vorderen Teil des Dutts drei Rosen sticken, dazwischen in Reseda kleine Blätter andeuten. Für den Brautstrauß in Vintage fünf Rosen sticken, dazwischen in Reseda kleine Blätter andeuten. Mit einem Wattestäbchen und etwas Rouge die Wangen andeuten.

Bräutigam

Hinweis: Der Bräutigam wird in R gearbeitet, damit der Hemdeinsatz in Intarsientechnik gestrickt werden kann.

Körper

In Sun-Kissed 38 M anschl und in R glatt rechts str.

Schuhe

1.-7. R: Glatt rechts str, dabei mit 1 Rückr (linke M) beginnen.

Anzug

8.-33. R (Marine): Glatt rechts str.

Oberteil

Den Hemdeinsatz in Jacquardtechnik glatt rechts arb.
34. R: 18 M in Marine, 2 M in Natur, 18 M in Marine.
35. R: 18 M in Marine, 2 M in Natur, 18 M in Marine.
36. R: 17 M in Marine, 4 M in Natur, 17 M in Marine.
37. R: 17 M in Marine, 4 M in Natur, 17 M in Marine.

38. R: 16 M in Marine, 6 M in Natur, 16 M in Marine.
39. R: 16 M in Marine, 6 M in Natur, 16 M in Marine.
40. R: 15 M in Marine, 8 M in Natur, 15 M in Marine.
41. R: 15 M in Marine, 8 M in Natur, 15 M in Marine.
42. R: 15 M in Marine, 8 M in Natur, 15 M in Marine.
43. R: 15 M in Marine, 8 M in Natur, 15 M in Marine.

Gesicht

44.-47. Rd (Ivory): Glatt rechts str.

Haare

In Intarsientechnik glatt rechts arb.
48. R: 7 M in Deep Amber, 24 M in Ivory, 7 M in Deep Amber.
49. R: 9 M in Deep Amber, 20 M in Ivory, 9 M in Deep Amber.
50. R: 10 M in Deep Amber, 18 M in Ivory, 10 M in Deep Amber.
51. R: 11 M in Deep Amber, 16 M in Ivory, 11 M in Deep Amber.
52. R: 11 M in Deep Amber, 16 M in Ivory, 11 M in Deep Amber.
53. R: 12 M in Deep Amber, 14 M in Ivory, 12 M in Deep Amber.
54. R: 12 M in Deep Amber, 14 M in Ivory, 12 M in Deep Amber.
55. R: 13 M in Deep Amber, 12 M in Ivory, 13 M in Deep Amber.
56.-59. R (Deep Amber): Glatt rechts str.
60. R (Hinr): 1 M rechts, * 2 M rechts zusammenstr, 7 M rechts, ab * noch 3x wdh, enden mit 1 M rechts (= 34 M).
61. R und alle weiteren Rückr: Linke M str.
62. R: 1 M rechts, * 2 M rechts zusammenstr, 6 M rechts, ab * noch 3x wdh, enden mit 1 M rechts (= 30 M).
64. R: 1 M rechts, * 2 M rechts zusammenstr, 5 M rechts, ab * noch 3x wdh, enden mit 1 M rechts (= 26 M).
66. R: 1 M rechts, * 2 M rechts zusammenstr, 4 M rechts, ab * noch 3x wdh, enden mit 1 M rechts (= 22 M).
68. R: 1 M rechts, * 2 M rechts zusammenstr, 3 M rechts; ab * noch 3x wdh, enden mit 1 M rechts (= 18 M).
70. R: 1 M rechts, * 2 M rechts zusammenstr, 2 M rechts, ab * noch 3x wdh, enden mit 1 M rechts (= 14 M).
72. R: 1 M rechts, * 2 M rechts zusammenstr, 1 M rechts, ab * noch 3x wdh, enden mit 1 M rechts (= 10 M).
Den Faden abschneiden und durch die restlichen M ziehen.

Fliege

In Sun-Kissed 7 M anschl.
1.-5. R: Glatt rechts str, dabei mit 1 Rückr (linke M) beginnen.
6. R: Linke M str und dabei alle M abk.

Fertigstellen

Siehe auch Basisanleitung Seite 2-5.
Bis auf den Anschlagfaden alle Fäden vernähen. Die rückwärtige Naht im Matratzenstich schließen. Den Kopf in der 1. R des Gesichts in Ivory abbinden, vor dem Festziehen mit Füllwatte ausstopfen. Den Faden nicht abschneiden, er wird noch zum Abnähen der Arme benötigt. Den Körper ausstopfen und mit dem Anschlagfaden die untere Öffnung schließen. Den Faden nicht abschneiden, sondern mittig bis zur 15. R des Anzugs die Beine markieren. Mit dem Abbindefaden des Kopfes seitlich des Körpers die Arme abnähen, dabei von der hinteren Mitte aus die M wie folgt einteilen: 4,5 M für die erste Hälfte des Rückenteils, 9 M für den ersten Arm, 9 M für das Vorderteil, 9 M für den zweiten Arm und 4,5 M für die zweite Hälfte des Rückenteils. Die Arme von der viertletzten R des Oberteils bis zur 27. R des Anzugs abnähen. Die Augen in Schwarz vorne mittig in die 10. R des Gesichts, 4 M voneinander entfernt, aufsticken. Die Fliege mit einem Faden in Sun-Kissed mittig fest zusammenraffen und auf die obere Kante des Hemdeinsatzes nähen. Zuletzt in Vintage eine Rose als Anstecker auf den Anzug sticken.

Fridolin

auf zur Schlittenfahrt

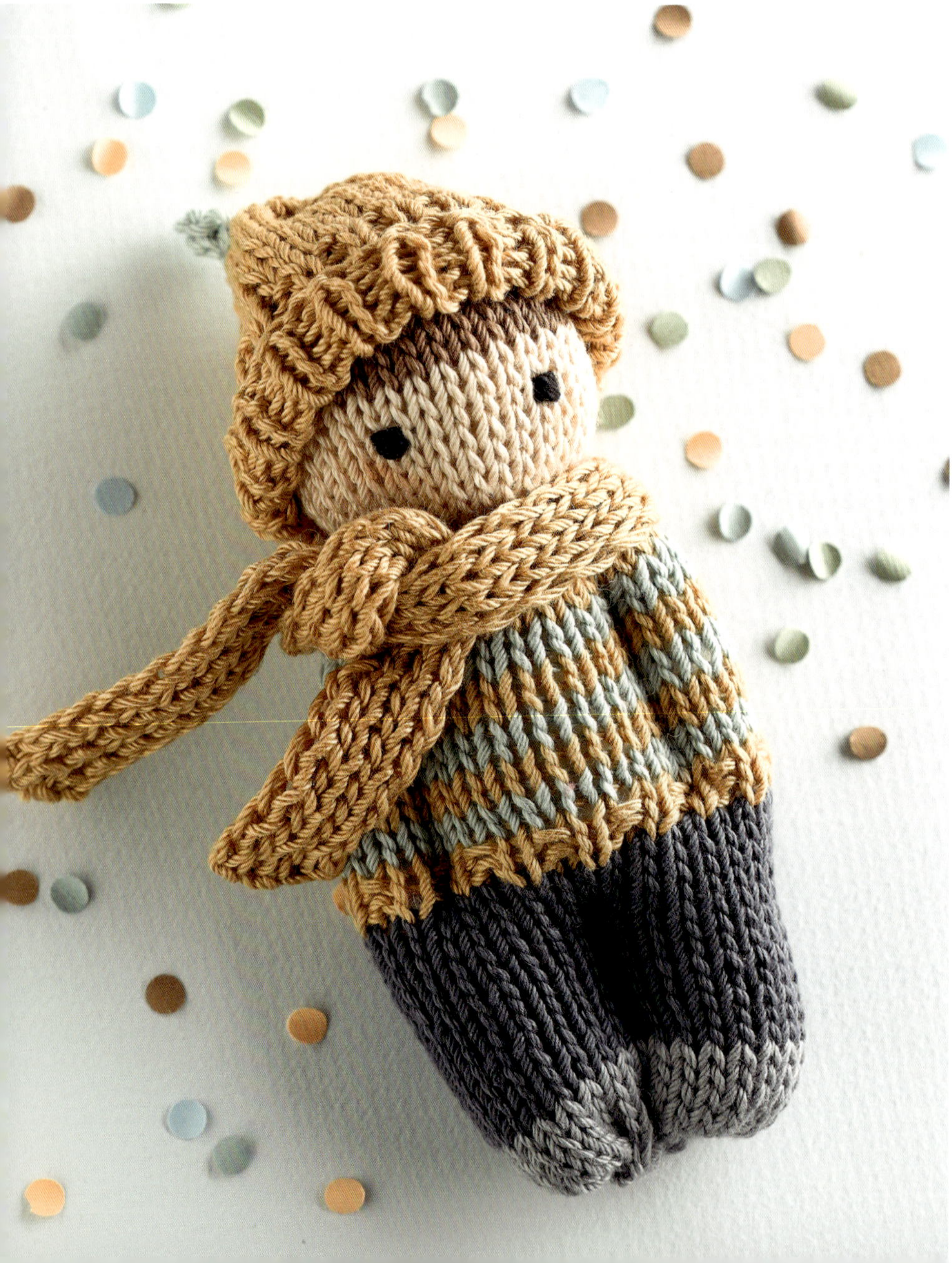

GRÖSSE
ca. 15 cm

MATERIAL

- Schachenmayr Catania (LL 125 m/50 g) in Rauchgrau (Fb 435), Graphit (Fb 393), Camel (Fb 179), Reseda (Fb 402), Ivory (Fb 436), Deep Amber (Fb 438) und Schwarz (Fb 110), Reste
- Nadelspiel 3,0 mm
- Füllwatte zum Ausstopfen
- Wattestäbchen
- Rouge
- Wollnadel

MASCHENPROBE
Glatt rechts mit Nd 3,0 mm
26 M und 36 Rd/R
= 10 cm x 10 cm

Glatt rechts

In Rd alle M rechts str.

Rippenmuster in Reihen

Ungerade M-Zahl.
Hinr: 1 M rechts, 1 M links im Wechsel str, enden mit 1 M rechts.
Rückr: 1 M links, 1 M rechts im Wechsel str, enden mit 1 M links

Rippenmuster in Runden

Gerade M-Zahl.
1 M rechts, 1 M links im Wechsel str.

Kettrand

Die erste M jeder R wie zum Rechtsstr abheben, die letzte M jeder R links str.

Anleitung

Körper

In Rauchgrau 32 M anschl, gleichmäßig auf 4 Spielnd verteilen (= 8 M je Nd) und zur Rd schließen.

Schuhe

1.-5. Rd: Glatt rechts str.

Hose

6.-17. Rd (Graphit): Glatt rechts str.

Pullover

18. Rd (Camel): Glatt rechts str.
19.+20. Rd: Im Rippenmuster in Rd str.
21.-32. Rd: Im Wechsel 2 Rd in Reseda und 2 Rd in Camel glatt rechts str.
33.+34. Rd: 2 Rd in Reseda glatt rechts str.

Gesicht

35.-43. Rd (Ivory): Glatt rechts str.

Haare

44.-47. Rd (Deep Amber): Glatt rechts str.
48. Rd: * 2 M rechts zusammenstr, 6 M rechts, ab * noch 3x wdh (= 28 M).
49. Rd: * 2 M rechts zusammenstr, 5 M rechts, ab * noch 3x wdh (= 24 M).
50. Rd: * 2 M rechts zusammenstr, 4 M rechts, ab * noch 3x wdh (= 20 M).
51. Rd: * 2 M rechts zusammenstr, 3 M rechts, ab * noch 3x wdh (= 16 M).
52. Rd: * 2 M rechts zusammenstr, 2 M rechts, ab * noch 3x wdh (= 12 M).
53. Rd: * 2 M rechts zusammenstr, 1 M rechts, ab * noch 3x wdh (= 8 M).
Den Faden abschneiden und durch die restlichen M nach innen ziehen.

Mütze

In Camel 34 M anschl, gleichmäßig auf 4 Spielnd verteilen (= 8-9-8-9 M) und zur Rd schließen.
1.-12. Rd: Im Rippenmuster in Rd str.
13.-16. Rd: Glatt rechts str.
Für die Mützenspitze nun jeweils die ersten 2 M jeder Nd rechts zusammenstr, bis sich noch jeweils 2 bzw. 3 M auf den Nd befinden (= 10 M).
Den Faden abschneiden und durch die restlichen M nach innen ziehen.
Für die kleine Schlinge in Reseda 7 M anschl, 1 R rechte M str und die M dabei gleich wieder abk.

Schal

In Camel 7 M anschl und im Rippenmuster in R str, dabei die Rdm als Kettrand arb. In einer Länge von ca. 25 cm alle M abk.

Fertigstellen

Siehe auch Basisanleitung Seite 2-5. Bis auf den Anschlagfaden alle Fäden vernähen. Den Kopf in der 1. Rd des Gesichts in Ivory abbinden, vor dem Festziehen mit Füllwatte ausstopfen. Den Faden nicht abschneiden, er wird noch zum Abnähen der Arme benötigt. Den Körper ausstopfen und mit dem Anschlagfaden die untere Öffnung schließen. Den Faden nicht abschneiden, sondern mittig bis 4 Rd vor Hosenende die Beine markieren. Mit dem Abbindefaden des Kopfes seitlich des Körpers die Arme abnähen, dabei von der hinteren Mitte aus die M wie folgt einteilen: 4 M für die erste Hälfte des Rückenteils, 8 M für den ersten Arm, 8 M für das Vorderteil, 8 M für den zweiten Arm und 4 M für die zweite Hälfte des Rückenteils. Die Arme von der drittletzten Rd des Pullovers bis zum Beginn des Bündchens abnähen. Die Augen in Schwarz vorne mittig in die 7. Rd des Gesichts, 5 M voneinander entfernt, aufsticken. Mit etwas Rouge die Wangen andeuten. Die kleine Schlinge an die Mützenspitze nähen. Das Mützenbündchen zur Hälfte nach außen umschlagen. Die Mütze auf den Kopf setzen und den Schal um den Hals binden. Beides nach Belieben mit ein paar Stichen festnähen.

Drei tierische Freunde

unterwegs in Wald und Flur

GRÖSSE
jeweils ca. 15 cm

MATERIAL
- Nadelspiel 3,0 mm
- Füllwatte zum Ausstopfen
- Wollnadel

FUCHS
- Schachenmayr Catania (LL 125 m/50 g) in Fuchs (Fb 426), Denim (Fb 421), Reseda (Fb 402), Natur (Fb 105) und Schwarz (Fb 110), Reste

REH
- Schachenmayr Catania (LL 125 m/50 g) in Sun-Kissed (Fb 437), Camouflage (Fb 414), Reseda (Fb 402), Natur (Fb 105), Deep Amber (Fb 438) und Schwarz (Fb 110), Reste

HASE
- Schachenmayr Catania (LL 125 m/50 g) in Deep Amber (Fb 438), Marsalarot (Fb 396), Reseda (Fb 402), Rosa (Fb 246) und Schwarz (Fb 110), Reste
- Nadelspiel 3,0 mm

MASCHENPROBE
Glatt rechts mit Nd 3,0 mm
26 M und 36 Rd = 10 cm x 10 cm

Glatt rechts

In Rd alle M rechts str.

Rippenmuster

In Rd 1 M rechts, 1 M links im Wechsel str.

Fuchs

In Fuchs 32 M anschl, gleichmäßig auf 4 Spielnd verteilen (= 8 M je Nd) und zur Rd schließen.

Beine
1.-18. Rd: Glatt rechts str.

Pullover
19. Rd (Denim): Rechte M str.
20.+21. Rd: Im Rippenmuster str.
22.+23. Rd (Reseda): Glatt rechts str.
24. Rd (Denim): Glatt rechts str.
25.-33. Rd: Die 22.-24. Rd noch 3x wdh.
34.+35. Rd (Reseda): Glatt rechts str.

Kopf
36.-41. Rd (Natur): Glatt rechts str.
42.-55. Rd (Fuchs): Glatt rechts str, dabei in der 55. Rd alle M abk.

Fertigstellen

Siehe auch Basisanleitung Seite 2-5.
Bis auf den Anschlagfaden alle Fäden vernähen. Die obere Naht im M-Stich schließen, dabei bildet der Rd-Wechsel die hintere Mitte. Die Ohren wie abgebildet an den beiden oberen Ecken schräg abnähen. Die Nase in Fuchs im M-Stich in der vorderen Mitte des Kopfes in dem in Natur gestrickten Teil aufsticken: In die letzte Rd in Natur 4 M sticken, in die beiden Rd darunter jeweils mittig 2 M. Den Kopf in der 1. Rd des Kopfes in Natur abbinden, vor dem Festziehen mit Füllwatte ausstopfen. Den Faden nicht abschneiden, er wird noch zum Abnähen der Arme benötigt. Den Körper ausstopfen und mit dem Anschlagfaden die untere Öffnung schließen. Den Faden nicht abschneiden, sondern die Beine mittig bis zur drittletzten Rd der Beine markieren. Mit dem Abbindefaden des Kopfes seitlich des Körpers die Arme abnähen, dabei von der hinteren Mitte aus die M wie folgt einteilen: 4 M für die erste Hälfte des Rückenteils, 8 M für den ersten Arm, 8 M für das Vorderteil, 8 M für den zweiten Arm und 4 M für die zweite Hälfte des Rückenteils. Die Arme von der drittletzten Rd des Oberteils bis zum Beginn des Rippenmusters abnähen. Im Kopf die Augen in Schwarz vorne mittig in die 1. Rd in Fuchs, 6 M voneinander entfernt, aufsticken. Die Nasenspitze in Schwarz vorne mittig unter die 1. R der beiden im M-Stich aufgestickten M sticken.

... weiter geht es auf Seite 28

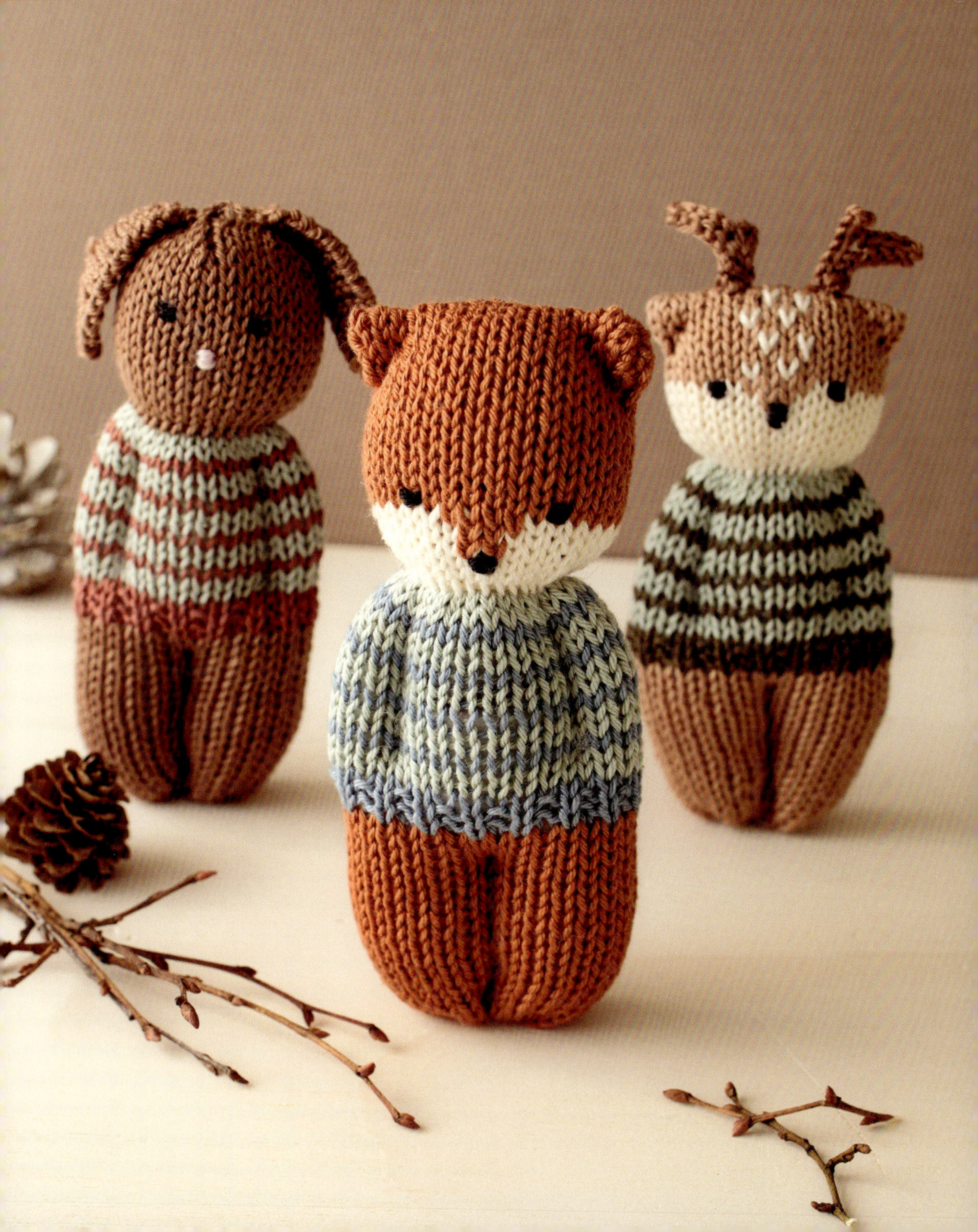

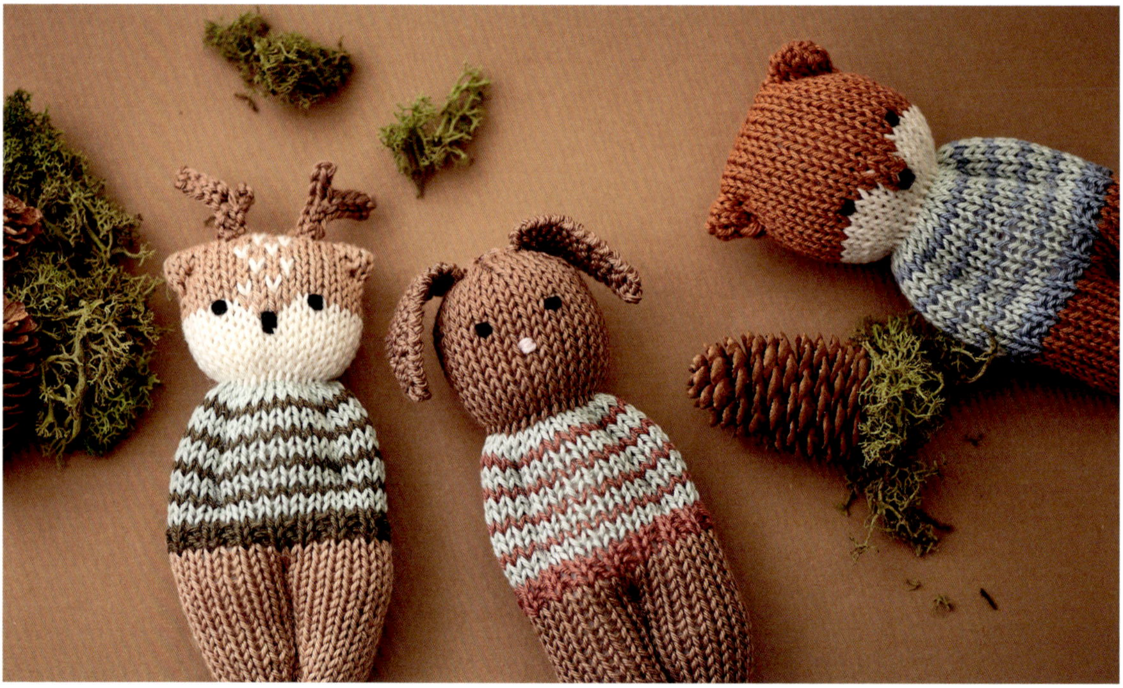

Reh

In Sun-Kissed 32 M anschl, gleichmäßig auf 4 Spielnd verteilen (= 8 M je Nd) und zur Rd schließen.

Beine

1.-18. Rd: Glatt rechts str.

Pullover

19. Rd (Camouflage): Rechte M str.
20.+21. Rd: Im Rippenmuster str.
22.+23. Rd (Reseda): Glatt rechts str.
24. Rd (Camouflage): Glatt rechts str.
25.-33. Rd: Die 22.-24. Rd noch 3x wdh.
34.+35. Rd (Reseda): Glatt rechts str.

Kopf

36.-43. Rd (Natur): Glatt rechts str.
44.-51. Rd (Sun-Kissed): Glatt rechts str, dabei in der 51. Rd alle M abk.
Den Faden abschneiden und durch die restlichen M ziehen.

Geweih (2x)

In Deep Amber 8 M anschl.
1. R: Rechte M str.
2. R: 4 M rechts str und dabei abk. Die übrige M der rechten Nd auf die linke Nd heben (= 4 M). Wenden.
3. R: 3 M neu anschl (= 7 M). Wenden.
4. R: Alle M rechts str und dabei abk.

Fertigstellen

Siehe auch Basisanleitung Seite 2-5. Bis auf den Anschlagfaden alle Fäden vernähen. Die obere Naht im M-Stich schließen, dabei bildet der Rd-Wechsel die hintere Mitte. Die Ohren wie abgebildet an den beiden oberen Ecken schräg abnähen. Die Nase in Sun-Kissed im M-Stich in der vorderen Mitte des Kopfes in dem in Natur gestrickten Teil aufsticken: In die letzte Rd in Natur 4 M sticken, in die Rd darunter mittig 2 M. Die Stirn in Natur wie abgebildet vorne mittig im M-Stich aufsticken. Den Kopf in der 1. Rd des Kopfes in Natur abbinden, vor dem Festziehen mit Füllwatte ausstopfen. Den Faden nicht abschneiden, er wird noch zum Abnähen der Arme benötigt. Den Körper ausstopfen und mit dem Anschlagfaden die untere Öffnung schließen. Den Faden nicht abschneiden, sondern die Beine mittig bis zur drittletzten Rd der Beine markieren. Mit dem Abbindefaden des Kopfes seitlich des Körpers die Arme abnähen, dabei von der hinteren Mitte aus die M wie folgt einteilen: 4 M für die erste Hälfte des Rückenteils, 8 M für den ersten Arm, 8 M für das Vorderteil, 8 M für den zweiten Arm und 4 M für die zweite Hälfte des Rückenteils. Die Arme von der drittletzten Rd des Oberteils bis zum Beginn des Rippenmusters abnähen. Im Kopf die Augen in Schwarz vorne mittig in die letzte Rd in Natur, 6 M voneinander entfernt, aufsticken. Die Nasenspitze in Schwarz vorne mittig unter die beiden im M-Stich gestickten M sticken. Das Geweih annähen.

Hase

In Deep Amber 32 M anschl, auf 4 Spielnd verteilen (= 8 M je Nd) und zur Rd schließen.

Beine

1.-18. Rd: Glatt rechts str.

Pullover

19. Rd (Marsalarot): Rechte M str.
20.+21. Rd: Im Rippenmuster str.
22.+23. Rd (Reseda): Glatt rechts str.
24. Rd (Marsalarot): Glatt rechts str.
25.-33. Rd: Die 22.-24. Rd noch 3x wdh.
34.+35. Rd (Reseda): Glatt rechts str.

Kopf

36.-48. Rd (Deep Amber): Glatt rechts str.
49. Rd: * 2 M rechts zusammenstr, 6 M rechts, ab * noch 3x wdh (= 28 M).
50. Rd: * 2 M rechts zusammenstr, 5 M rechts, ab * noch 3x wdh (= 24 M).
51. Rd: * 2 M rechts zusammenstr, 4 M rechts, ab * noch 3x wdh (= 20 M).
52. Rd: * 2 M rechts zusammenstr, 3 M rechts, ab * noch 3x wdh (= 16 M).
53. Rd: * 2 M rechts zusammenstr, 2 M rechts, ab * noch 3x wdh (= 12 M).
54. Rd: * 2 M rechts zusammenstr, 1 M rechts, ab * noch 3x wdh (= 8 M).
Den Faden abschneiden und durch die restlichen M ziehen.

Ohren (2x)

Durch die seitlichen 4 M der 53. Rd des Kopfes in Deep Amber eine Spielnd schieben (siehe Basisanleitung, Seite 5) und kraus rechts in R arb.

1.+2. R (Deep Amber): Kraus rechts str.
3. R: 1 M rechts, 2x 1 M verdoppeln, 1 M rechts (= 6 M).
4.-18. R: Kraus rechts str.
19. R: 2 M rechts, 2 M rechts zusammenstr, 2 M rechts (= 5 M).
20. R: Kraus rechts str.
21. R: 2 M rechts, 2 M rechts zusammenstr, 1 M rechts (= 4 M).
22. R: Kraus rechts str.
23. R: 1 M rechts, 2 M rechts zusammenstr, 1 M rechts (= 3 M).
24. R: Kraus rechts str.
25. R: 3 M rechts überzogen zusammenstr (= 1 M wie zum Rechtsstr abheben, 2 M rechts zusammenstr, die abgehobene M überziehen).
Den Faden abschneiden und durch die letzte M ziehen.
Das andere Ohr gegenüberliegend auf der anderen Seite ebenso str.

Fertigstellen

Siehe auch Basisanleitung Seite 2-5. Bis auf den Anschlagfaden alle Fäden vernähen. Den Kopf in der 1. Rd des Kopfes in Deep Amber abbinden, vor dem Festziehen mit Füllwatte ausstopfen. Den Faden nicht abschneiden, er wird noch zum Abnähen der Arme benötigt. Den Körper ausstopfen und mit dem Anschlagfaden die untere Öffnung schließen. Den Faden nicht abschneiden, sondern die Beine mittig bis zur drittletzten Rd der Beine markieren. Mit dem Abbindefaden des Kopfes seitlich des Körpers die Arme abnähen, dabei von der hinteren Mitte aus die M wie folgt einteilen: 4 M für die erste Hälfte des Rückenteils, 8 M für den ersten Arm, 8 M für das Vorderteil, 8 M für den zweiten Arm und 4 M für die zweite Hälfte des Rückenteils. Die Arme von der drittletzten Rd des Oberteils bis zum Beginn abnähen. Die Augen in Schwarz vorne mittig in die 10. Rd des Kopfes, 4 M voneinander entfernt, aufsticken, die Nase in Rosa mittig in der 3. Rd darunter.

Dream-Team auf der Tribüne

ein Hoch auf den Sieger!

GRÖSSE

Großer Fan: ca. 19 cm

Kleiner Fan: ca. 17 cm

MATERIAL

- Nadelspiel 3,0 mm
- Füllwatte zum Ausstopfen
- Wollnadel

GROSSER FAN

- Schachenmayr Catania (LL 125 m/50 g) in Royal (Fb 201), Weiß (Fb 106), Ivory (Fb 436), Sun-Kissed (Fb 437) und Schwarz (Fb 110), Reste

KLEINER FAN

- Schachenmayr Catania (LL 125 m/50 g) in Royal (Fb 201), Weiß (Fb 106), Ivory (Fb 436), Deep Amber (Fb 438) und Schwarz (Fb 110), Reste
- Schaschlikspieß (als Fahnenstiel)

MASCHENPROBE

Glatt rechts
mit Nd 3,0 mm
26 M und 36 Rd/R
= 10 cm x 10 cm

Glatt rechts

In Hinr rechte M, in Rückr linke M str, bzw. in Rd alle M rechts str.

Kraus rechts

In Hin- und Rückr rechte M str.

Double-Face-Technik

1 M rechts, 1 M wie zum Linksstr abheben, dabei den Faden vor der M entlangführen.

Rippenmuster

In Rd 1 M rechts, 1 M links im Wechsel str.

Großer Fan

Körper

In Schwarz 36 M anschl, gleichmäßig auf 4 Spielnd verteilen (= 9 M je Nd) und zur Rd schließen.

Schuhe
1.-6. Rd: Glatt rechts str.

Strümpfe
7.-10. Rd (Weiß): Glatt rechts str.
11. Rd (Royal): Glatt rechts str.
12. Rd (Weiß): Glatt rechts str.
13. Rd (Royal): Glatt rechts str.
14.+15. Rd (Weiß): Glatt rechts str.

Beine
16.-20. Rd (Ivory): Glatt rechts str.

Hose
21.-29. Rd (Royal): Glatt rechts str.

Trikot
30.+31. Rd (Weiß): Glatt rechts str.
32.+33. Rd (Royal): Glatt rechts str.
34.-45. Rd: Die 27.-30. Rd noch 3x str.

Gesicht
45.-56. Rd (Ivory): Glatt rechts str.

Haare
57.+58. Rd (Sun-Kissed): Glatt rechts str.

Kappe
59.-62. Rd (Royal): Glatt rechts str.
63. Rd: 4x jede 8. und 9. M rechts zusammenstr (= 32 M).
64. Rd: 4x jede 7. und 8. M rechts zusammenstr (= 28 M).
65. Rd: 4x jede 6. und 7. M rechts zusammenstr (= 24 M).
66. Rd: 4x jede 5. und 6. M rechts zusammenstr (= 20 M).
67. Rd: 4x jede 4. und 5. M rechts zusammenstr (= 16 M).
68. Rd: 4x jede 3. und 4. M rechts zusammenstr (= 12 M).
69. Rd: 4x jede 2. und 3. M rechts zusammenstr (= 8 M).
Den Faden abschneiden und durch die restlichen M ziehen.

Mützenschirm
Durch die 1. Rd der Kappe die vorderen mittleren 14 M auf eine Spielnd schieben (siehe Basisanleitung, Seite 5) und in R kraus rechts str:
1.+2. Rd (Royal): Kraus rechts str.
3. R: 1 M rechts, 2 M rechts überzogen zusammenstr, 8 M rechts, 2 M rechts zusammenstr, 1 M rechts (= 12 M).
4. R: 1 M rechts, 2 M rechts überzogen zusammenstr, 6 M rechts, 2 M rechts zusammenstr, 1 M rechts (= 10 M).

... weiter geht es auf Seite 32

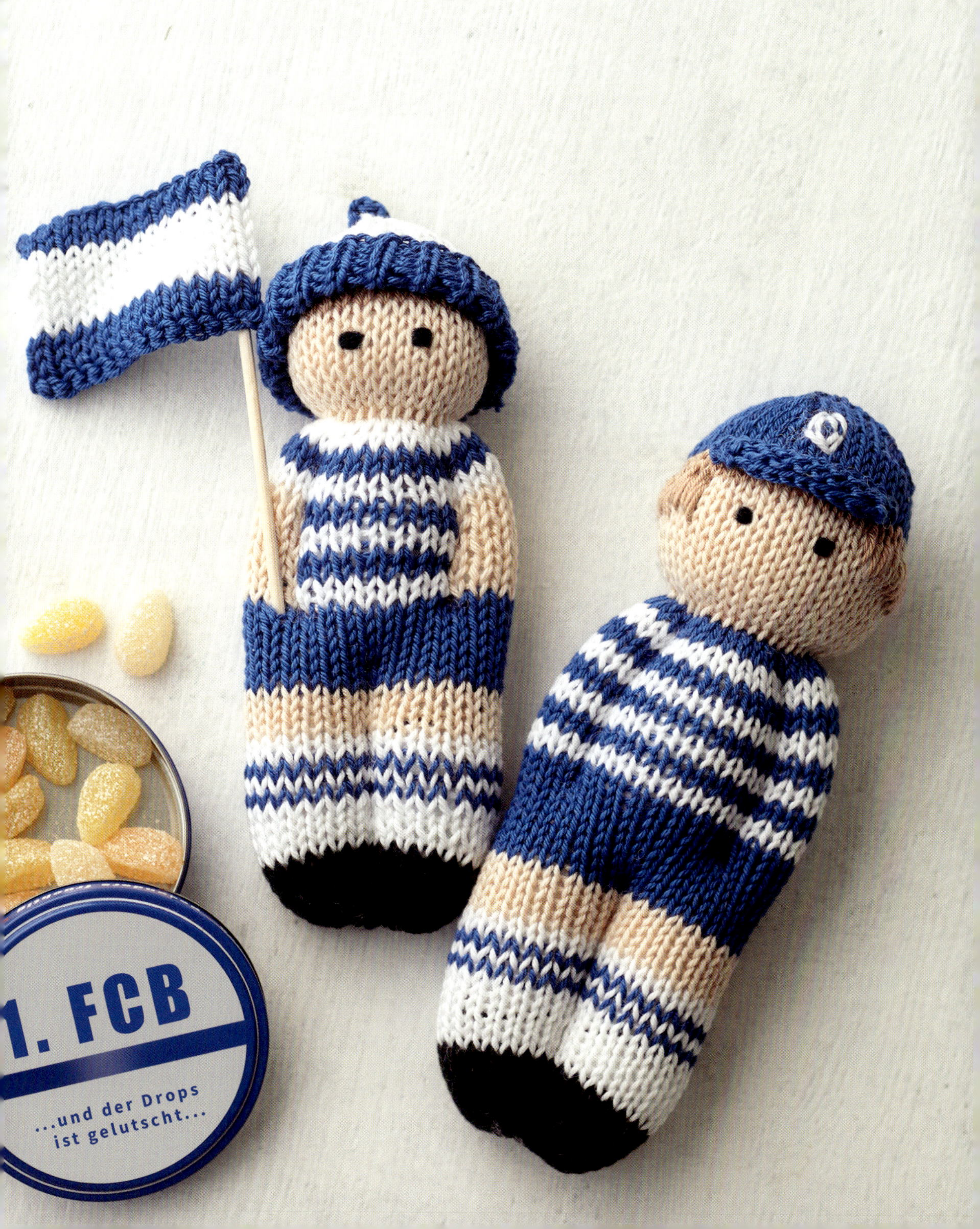
1. FCB
...und der Drops
ist gelutscht...

5. R: 1 M rechts, 2 M rechts überzogen zusammenstr, 4 M rechts, 2 M rechts zusammenstr, 1 M rechts (= 8 M).
6. R: Alle M abk.

Fertigstellen

Siehe auch Basisanleitung Seite 2-5. Bis auf den Anschlagfaden alle Fäden vernähen oder verknoten. Den Kopf in der 1. Rd des Gesichts in Ivory abbinden, vor dem Festziehen mit Füllwatte ausstopfen. Den Faden nicht abschneiden, er wird noch zum Abnähen der Arme benötigt. Den Körper ausstopfen und mit dem Anschlagfaden die untere Öffnung schließen. Den Faden nicht abschneiden, sondern mittig bis zur 3. Rd der Hose die Beine markieren. Mit dem Abbindefaden des Kopfes seitlich des Körpers die Arme abnähen, dabei von der hinteren Mitte aus die M wie folgt einteilen: 4,5 M für die erste Hälfte des Rückenteils, 9 M für den ersten Arm, 9 M für das Vorderteil, 9 M für den zweiten Arm und 4,5 M für die zweite Hälfte des Rückenteils. Die Arme von der drittletzten Rd des Trikots bis zum Beginn der Hose abnähen. Die Augen in Schwarz vorne mittig in die 9. Rd des Gesichts, 4 M voneinander entfernt, aufsticken. In Sun-Kissed weitere Haare aufsticken, ebenso in Weiß ein kleines Wappen auf der Kappe andeuten (siehe Foto).

Kleiner Fan

Hinweis: Der kleine Fan wird in R gestrickt, dabei wird das Oberteil des Körpers in Intarsientechnik gearbeitet. Die Rdm durchgehend als Nahtrand str (= die erste und letzte M in jeder Hinr rechts und in jeder Rückr links str).

Körper

In Schwarz 34 M anschl und in R glatt rechts str.

Schuhe

1.-5. R (Schwarz): Glatt rechts str, dabei mit 1 Rückr (linke M) beginnen.

Strümpfe

6.-9. R (Weiß): Glatt rechts str.
10. R (Royal): Glatt rechts str.
11. R (Weiß): Glatt rechts str.
12. R (Royal): Glatt rechts str.
13.+14. Rd (Weiß): Glatt rechts str.

Beine

15.-18. R (Ivory): Glatt rechts str.

Hose

19.-25. R (Royal): Glatt rechts str.

Trikot

26.+27. R: Glatt rechts in Intarsientechnik 5 M Weiß, 8 M Ivory, 8 M Weiß, 8 M Ivory, 5 M Weiß str.
28.+29. R: Glatt rechts in Intarsientechnik 5 M Royal, 8 M Ivory, 8 M Royal, 8 M Ivory, 5 M Royal str.
30.-33. R: Die 26.-29. Rd noch 1x wdh.
34.+35. R (Weiß): Glatt rechts str.
36.+37. R (Royal): Glatt rechts str.
38.+39. R (Weiß): Glatt rechts str.

Gesicht

40.-47. R (Ivory): Glatt rechts str.

Haare

48.-51. R (Deep Amber): Glatt rechts str.
52. R: Rdm, * 2 M rechts, 2 M rechts zusammenstr, ab * 8x arb, Rdm (= 24 M).
53. R: Linke M str.
54. R: Rdm, * 1 M rechts, 2 M rechts zusammenstr, ab * 8x arb, Rdm (= 16 M).
55. R: Linke M str.
56. R: Rdm, * jeweils 2 M rechts zusammenstr, ab * 8x arb, Rdm (= 8 M).
Den Faden abschneiden und durch die restlichen M ziehen.

Mütze

In Royal 34 M anschl, gleichmäßig auf 4 Spielnd verteilen (= 8-9-8-9 M) und zur Rd schließen.
1.-12. Rd: Im Rippenmuster in Rd str.
13.-16. Rd (Weiß): Glatt rechts str.
Für die Mützenspitze nun jeweils die ersten 2 M jeder Nd rechts zusammenstr, bis sich noch jeweils 2 bzw. 3 M auf den Nd befinden (= 10 M).
Den Faden abschneiden und durch die restlichen M nach innen ziehen.
Für den Mützenzipfel in Royal 6 M anschl und in der nächsten R direkt wieder abk. Den Zipfel zur Hälfte legen und an die Mützenspitze nähen.

Fahne

In Royal 28 M anschl.
1.-4. R: In Double-Face-Technik str.
5.-10. R (Weiß): In Double-Face-Technik str.
11.-17. R (Royal): In Double-Face-Technik str.
18. R: Jeweils 2 M rechts zusammenstr und dabei abk.

Fertigstellen

Siehe auch Basisanleitung Seite 2-5. Die rückwärtige Naht schließen. Bis auf den Anschlagfaden alle Fäden vernähen oder verknoten. De Kopf in der 1. R des Gesichts in Ivory abbinden, vor dem Festziehen mit Füllwatte ausstopfen. Den Faden nicht abschneiden, er wird noch zum Abnähen der Arme benötigt. Den Körper ausstopfen und mit dem Anschlagfaden die untere Öffnung schließen. Den Faden nicht abschneiden, sondern mittig bis zur 3. R der Hose die Beine markieren. Mit dem Abbindefaden des Kopfes seitlich des Körpers die Arme abnähen, dabei von der hinteren Mitte aus die M wie folgt einteilen: 4 M für die erste Hälfte des Rückenteils, 8 M für den ersten Arm, 8 M für das Vorderteil, 8 M für den zweiten Arm und 4 M für die zweite Hälfte des Rückenteils. Die Arme von der drittletzten R des Trikots bis zum Beginn der Hose abnähen. Die Augen in Schwarz vorne mittig in die 6. R des Gesichts, 3 M voneinander entfernt, aufsticken. Den Schaschlikspieß auf eine Länge von 16 cm kürzen, ein Ende in die Fahne schieben, das andere Ende in die Oberkante der Hose.

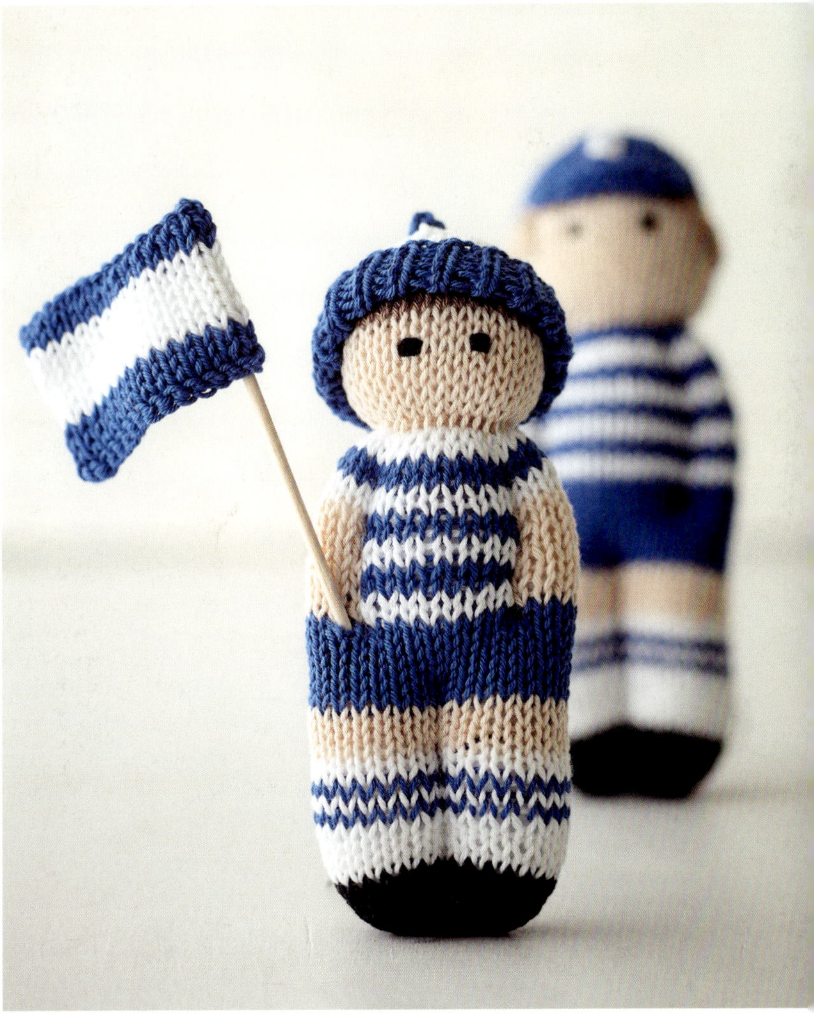

Seemann

ahoi und volle Fahrt voraus!

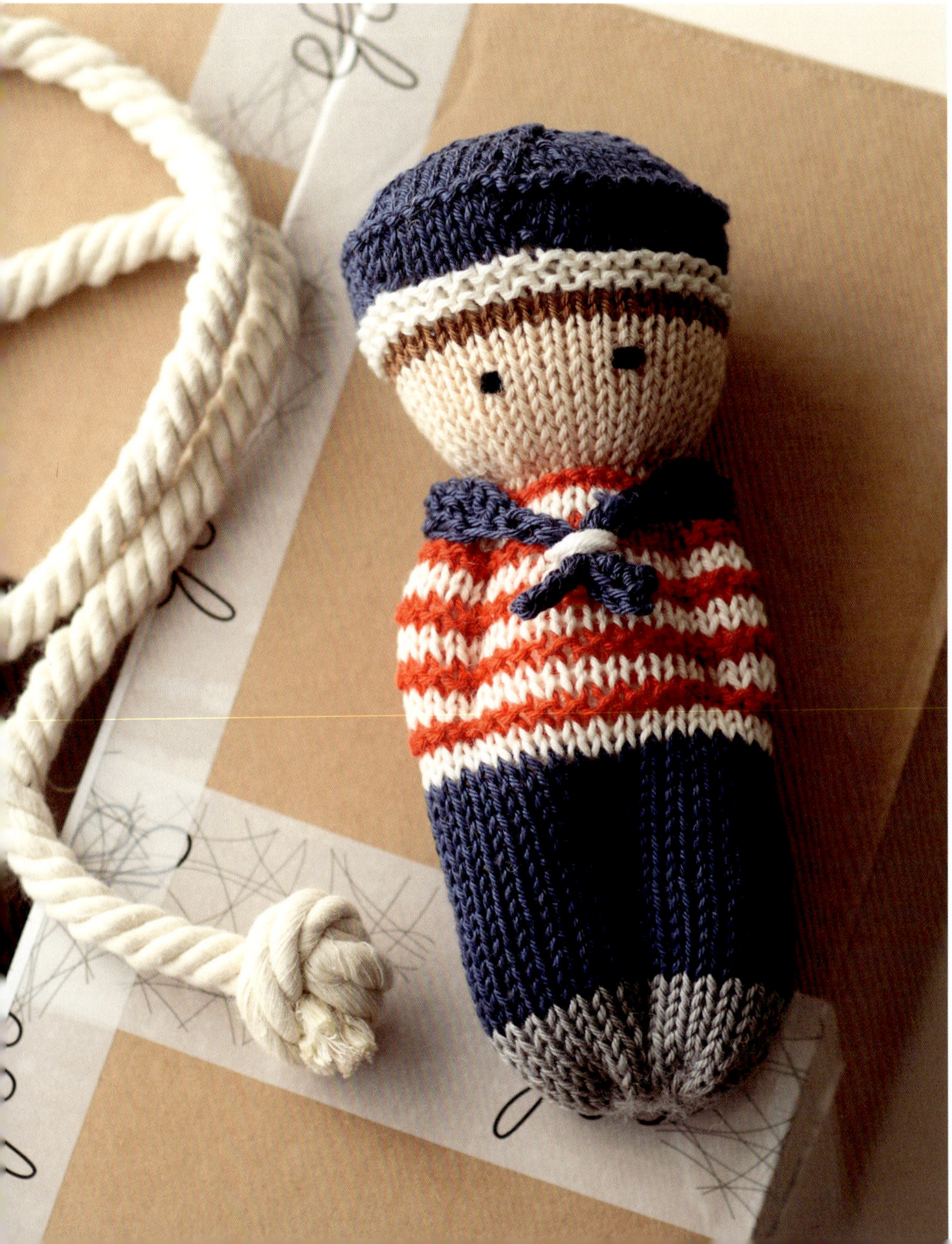

GRÖSSE
ca. 17 cm

MATERIAL

- Schachenmayr Catania (LL 125 m/50 g) in Rauchgrau (Fb 435), Jeans (Fb 164), Signalrot (Fb 115), Natur (Fb 105), Marone (Fb 157) und Schwarz (Fb 110), Reste
- Nadelspiel 3,0 mm
- Füllwatte zum Ausstopfen
- Wollnadel

MASCHEN-PROBE
Glatt rechts mit Nd 3,0 mm 26 M und 36 Rd = 10 cm x 10 cm

Glatt rechts

In Rd alle M rechts str.

Kraus rechts

In Hin- und Rückr rechte M str, bzw. in Rd 1 Rd rechte M, 1 Rd linke M im Wechsel str.

Anleitung

Körper

In Rauchgrau 36 M anschl, gleichmäßig auf 4 Spielnd verteilen (= 9 M je Nd) und zur Rd schließen.

Schuhe

1.-7. Rd: Glatt rechts str.

Hose

8.-22. Rd (Jeans): Glatt rechts str.

Pullover

23.+24. Rd (Natur): Glatt rechts str.
25.+26. Rd (Signalrot): Kraus rechts str.
27.-42. Rd: Die 23.-26. Rd noch 4x wdh.

Gesicht

43.-53. Rd (Ivory): Glatt rechts str.

Haare

54.+55. Rd (Marone): Glatt rechts str.

Mütze

56.-59. Rd (Natur): Kraus rechts str.
60. Rd (Jeans): Glatt rechts, jede 6. M verdoppeln (= 42 M).
61. Rd: Glatt rechts, jede 7. M verdoppeln (= 48 M).
62. Rd: Glatt rechts, jede 8. M verdoppeln (= 54 M).
63.+64. Rd: Kraus rechts str.
Weiter glatt rechts str.
65. Rd: Jede 8. und 9. M rechts zusammenstr (= 48 M).
66. Rd: Jede 7. und 8. M rechts zusammenstr (= 42 M).
67. Rd: Jede 6. und 7. M rechts zusammenstr (= 36 M).
68. Rd: Jede 5. und 6. M rechts zusammenstr (= 30 M).
69. Rd: Jede 4. und 5. M rechts zusammenstr (= 24 M).
70. Rd: Jede 3. und 4. M rechts zusammenstr (= 18 M).
71. Rd: Jede 2. und 3. M rechts zusammenstr (= 12 M).
72. Rd: Jeweils 2 M rechts zusammenstr (= 6 M).
Den Faden abschneiden und durch die restlichen M ziehen.

Tuch

In Jeans 3 M anschl und kraus rechts str.

1. R: 1 M rechts, 1 M verdoppeln, 1 M rechts (= 4 M).
2. R: 1 M rechts, 2x je 1 M verdoppeln, 1 M rechts (= 6 M).
3. R: 1 M rechts, 1 M verdoppeln, 2 M rechts, 1 M verdoppeln, 1 M rechts (= 8 M).
4. R: 1 M rechts, 1 M verdoppeln, 4 M rechts, 1 M verdoppeln, 1 M rechts (= 10 M).
5. R: 1 M rechts, 1 M verdoppeln, 6 M rechts, 1 M verdoppeln, 1 M rechts (= 12 M).
6. R: 1 M rechts, 1 M verdoppeln, 8 M rechts, 1 M verdoppeln, 1 M rechts, 8 M neu anschl (= 22 M).
7. R: Bis R-Ende rechte M str, 8 M neu anschl (= 30 M).
8. R: Bis R-Ende rechte M str, 8 M neu anschl (= 38 M).
9. R: Bis R-Ende rechte M str, 8 M neu anschl (= 44 M).
10. R: Rechte M str und dabei alle M abk.

Fertigstellen

Siehe auch Basisanleitung Seite 2-5. Bis auf den Anschlagfaden alle Fäden vernähen. Den Kopf in der 1. Rd des Gesichts in Ivory abbinden, vor dem Festziehen Kopf und Mütze mit Füllwatte ausstopfen, dabei die Mütze an der Kraus-rechts-Rippe etwas auseinanderziehen und sie so formen. Den Faden nicht abschneiden, er wird noch zum Abnähen der Arme benötigt. Den Körper ausstopfen und mit dem Anschlagfaden die untere Öffnung schließen. Den Faden nicht abschneiden, sondern mittig bis 4 Rd vor Hosenende die Beine markieren. Mit dem Abbindefaden des Kopfes seitlich des Körpers die Arme abnähen, dabei von der hinteren Mitte aus die M wie folgt einteilen: 4,5 M für die erste Hälfte des Rückenteils, 9 M für den ersten Arm, 9 M für das Vorderteil, 9 M für den zweiten Arm und 4,5 M für die zweite Hälfte des Rückenteils. Die Arme von der viertletzten Rd des Pullovers bis zum Beginn der Hose abnähen. Die Augen in Schwarz vorne mittig in die 8. Rd des Gesichts, 5 M voneinander entfernt, aufsticken. Das Tuch um den Hals legen und in Natur vorn an den Pullover nähen.

Badenixe und Wasserratte

pack die Badehose ein...

GRÖSSE
jeweils ca. 15 cm

MATERIAL
- Nadelspiel 3,0 mm
- Häkelnadel 3,0 mm
- Füllwatte zum Ausstopfen
- Wollnadel

BADENIXE
- Schachenmayr Catania (LL 125 m/50 g) in Ivory (Fb 436), Kachelblau (Fb 380), Reseda (Fb 402), Sun-Kissed (Fb 437), Jaffa (Fb 189), Marone (Fb 157) und Schwarz (Fb 110), Reste

WASSERRATTE
- Schachenmayr Catania (LL 125 m/50 g) in Ivory (Fb 436), Kachelblau (Fb 380), Jaffa (Fb 189), Honig (Fb 206) und Schwarz (Fb 110), Reste

MASCHENPROBE
Glatt rechts
mit Nd 3,0 mm
26 M und 36 Rd
= 10 cm x 10 cm

Glatt rechts

In Hinr rechte M, in Rückr linke M str, bzw. in Rd alle M rechts str.

Kraus rechts

In Hinr und Rückr rechte M str.

Perlmuster

Gerade M-Zahl.
1. Rd: 1 M rechts, 1 M links im Wechsel str.
2. Rd: 1 M links, 1 M rechts im Wechsel str.
Die 1. und 2. Rd fortlaufend wdh.

Badenixe

Körper

In Ivory 32 M anschl, gleichmäßig auf 4 Spielnd verteilen (= 8 M je Nd) und zur Rd schließen.

Beine

1.-15. Rd (Ivory): Glatt rechts str.

Bikinihose

16. Rd (Kachelblau): Glatt rechts str.
17. Rd (Reseda): Glatt rechts str.
18. Rd: In Jacquardtechnik glatt rechts 1 M in Reseda, 1 M in Kachelblau im Wechsel str.
19. Rd (Reseda): Glatt rechts str.
20. Rd: In Jacquardtechnik glatt rechts 1 M in Kachelblau, 1 M in Reseda im Wechsel str.
21. Rd (Reseda): Glatt rechts str.
22. Rd: In Jacquardtechnik glatt rechts 1 M in Reseda, 1 M in Kachelblau im Wechsel str.
23. Rd (Reseda): Glatt rechts M str.
24. Rd (Kachelblau): Glatt rechts str.

Oberkörper und Gesicht

25.-46. Rd (Ivory): Glatt rechts str.

Haare

47.-49. Rd (Sun-Kissed): Glatt rechts str.
50. Rd: 4x jede 7. und 8. M rechts zusammenstr (= 28 M).
51. Rd: 4x jede 6. und 7. M rechts zusammenstr (= 24 M).
52. Rd: 4x jede 5. und 6. M rechts zusammenstr (= 20 M).
53. Rd: 4x jede 4. und 5. M rechts zusammenstr (= 16 M).
54. Rd: 4x jede 3. und 4. M rechts zusammenstr (= 12 M).
55. Rd: 4x jede 2. und 3. M rechts zusammenstr (= 8 M).
Den Faden abschneiden und durch die restlichen M ziehen.

Bikinioberteil

Durch die vorderen mittleren 8 M der 7. Rd des Oberteils eine Spielnd schieben (siehe Basisanleitung, Seite 5) und glatt rechts in R str.
1. R (Kachelblau): Rechte M str.
2. R (Reseda): Linke M str.
3. R (Reseda): Rechte M str.
4. R (Kachelblau): Linke M str.
5. R (Kachelblau): Rechte M str und dabei alle M abk.
Für die Bindebändchen an die oberen beiden Kanten kleine Lm-Ketten aus jeweils 20 Lm nähen.

... weiter geht es auf Seite 38

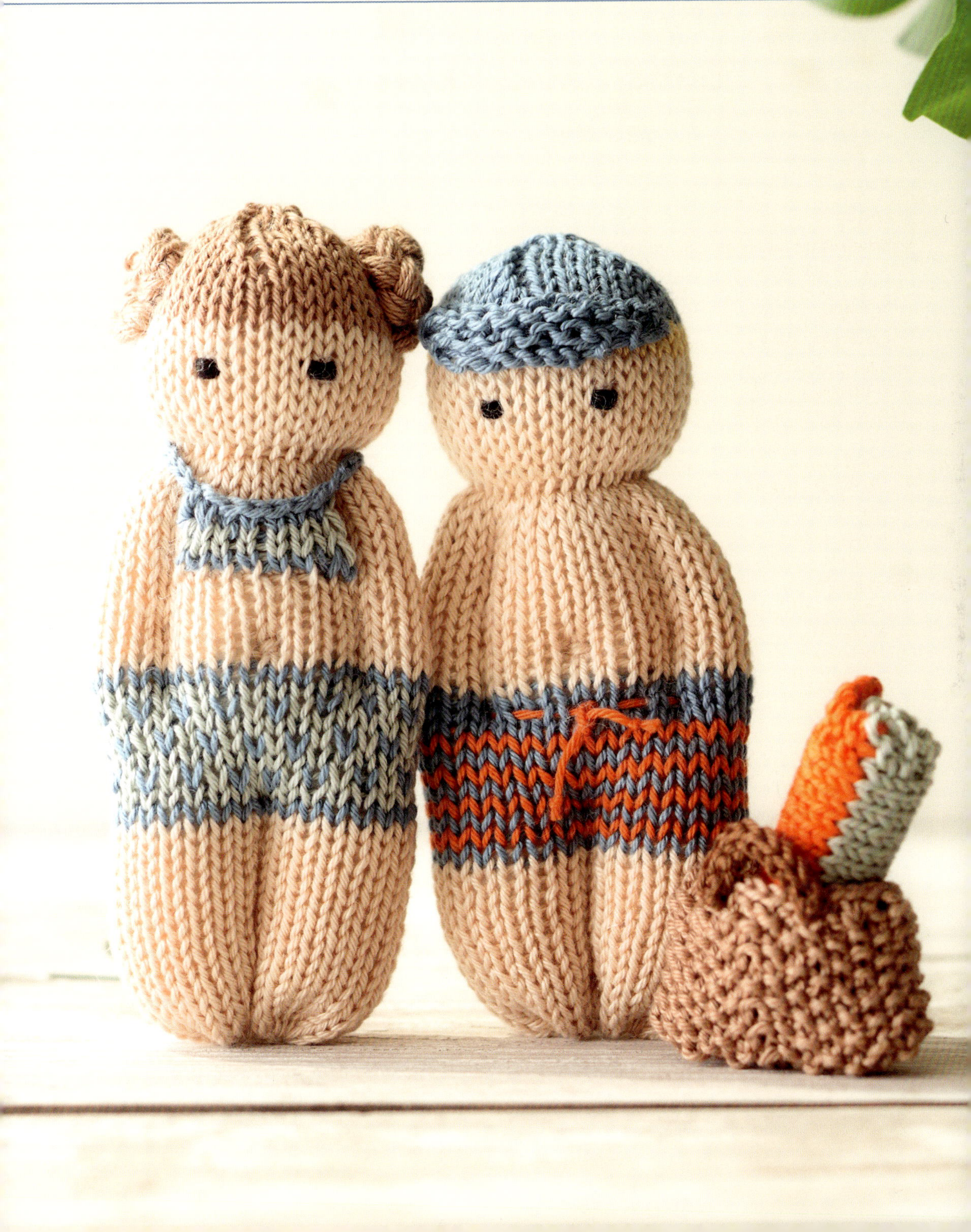

Handtuch

In Reseda 15 M anschl und in R str.
1.-3. R: Kraus rechts str.
4.-21. R: 2 M kraus rechts, 11 M glatt rechts, 2 M kraus rechts str.
22.-29. R (Jaffa): 2 M kraus rechts, 11 M glatt rechts, 2 M kraus rechts str.
30.-33. R: Kraus rechts str, dabei in der 33. R alle M abk.

Tasche

Die Tasche wird von unten nach oben in Rd gestrickt.
In Sun-Kissed 28 M anschl, gleichmäßig auf 4 Spielnd verteilen (=7 M je Nd) und zur Rd schließen.
1.-14. Rd: Im Perlmuster str.
15. Rd: Rechte M str und dabei alle M abk.

Taschengriff (2x)

In Marone 10 M anschl.
1. R: Rechte M str und dabei alle M abk.
Die untere Taschennaht schließen.
Die Griffe wie abgebildet an die obere Taschenkante nähen.

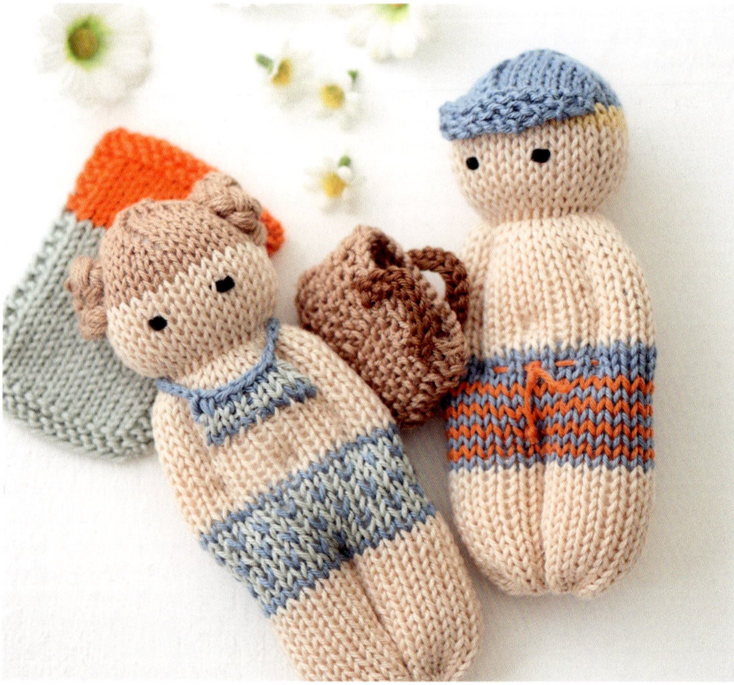

Fertigstellen

Siehe auch Basisanleitung Seite 2-5. Bis auf den Anschlagfaden alle Fäden vernähen. Den Kopf in der 14. Rd des Oberteils in Ivory abbinden, vor dem Festziehen mit Füllwatte ausstopfen. Den Faden nicht abschneiden, er wird noch zum Abnähen der Arme benötigt. Den Körper ausstopfen und mit dem Anschlagfaden die untere Öffnung schließen. Den Faden nicht abschneiden, sondern mittig bis zur 2. Rd der Bikinihose die Beine markieren. Mit dem Abbindefaden des Kopfes seitlich des Körpers die Arme abnähen, dabei von der hinteren Mitte aus die M wie folgt einteilen: 4 M für die erste Hälfte des Rückenteils, 8 M für den ersten Arm, 8 M für das Vorderteil, 8 M für den zweiten Arm und 4 M für die zweite Hälfte des Rückenteils. Die Arme von der drittletzten Rd des Oberteils bis zur zweitletzten Rd der Bikinihose abnähen. Die Augen in Schwarz vorne mittig in die 6. Rd des Gesichts, 4 M voneinander entfernt, aufsticken. Das Bikinioberteil hinten am Hals zusammenknoten. Für das untere Band des Bikinioberteils eine Lm-Kette bestehend aus 9 Lm auf die 7. Rd des Oberteils nähen. Für die gedrehten Zöpfe je Zopf 9 etwa 17 cm lange Fäden in Sun-Kissed abschneiden und jeweils durch die seitlichen M der 1. Rd der Haare ziehen. Aus drei Strängen von jeweils sechs Fäden Zöpfe flechten, eindrehen und mit einigen Stichen fixieren. In Ivory den Bauchnabel auf die gleiche Art wie die Augen in der vorderen Mitte der 3. Rd andeuten.

Wasserratte

Körper

In Ivory 32 M anschl, gleichmäßig auf 4 Spielnd verteilen (= 8 M je Nd) und zur Rd schließen.

Beine

1.-13. Rd (Ivory): Glatt rechts str.

Badehose

14. Rd (Kachelblau): Glatt rechts str.
15. Rd (Jaffa): Glatt rechts str.
16.-21. Rd: Die 14. und 15. Rd noch 3x wdh.
22.-24. Rd (Kachelblau): Glatt rechts str.

Oberkörper und Gesicht

25.-46. Rd (Ivory): Glatt rechts str.

Haare

47.+48. Rd (Honig): Glatt rechts str.

Kappe

49.+50. Rd (Kachelblau): Glatt rechts str.
51. Rd: 4x jede 7. und 8. M rechts zusammenstr (= 28 M).
52. Rd: 4x jede 6. und 7. M rechts zusammenstr (= 24 M).
53. Rd: 4x jede 5. und 6. M rechts zusammenstr (= 20 M).
54. Rd: 4x jede 4. und 5. M rechts zusammenstr (= 16 M).
55. Rd: 4x jede 3. und 4. M rechts zusammenstr (= 12 M).
56. Rd: 4x jede 2. und 3. M rechts zusammenstr (= 8 M).
Den Faden abschneiden und durch die restlichen M ziehen.

Kappenschirm

Durch die vorderen mittleren 16 M der 1. Rd der Kappe in Kachelblau nacheinander 2 Spielnd schieben (siehe Basisanleitung, Seite 5) und wie folgt in R str.
1. R (Kachelblau): Rechte M str.
2. R: 1 M rechts, 2 M rechts überzogen zusammenstr, 10 M rechts, 2 M rechts zusammenstr, 1 M rechts (= 14 M).
3. R: 1 M rechts, 2 M rechts überzogen zusammenstr, 8 M rechts, 2 M rechts zusammenstr, 1 M rechts (= 12 M).
4. R: 1 M rechts, 2 M rechts überzogen zusammenstr, 6 M rechts, 2 M rechts zusammenstr, 1 M rechts (= 10 M).
5. R: 1 M rechts, 2 M rechts überzogen zusammenstr, 4 M rechts, 2 M rechts zusammenstr, 1 M rechts (= 8 M).
6. R: 1 M rechts, 2 M rechts überzogen zusammenstr, 2 M rechts, 2 M rechts zusammenstr, 1 M rechts (= 6 M).
7. R: Rechte M str und dabei alle M abk.

Fertigstellen

Siehe auch Basisanleitung Seite 2-5. Bis auf den Anschlagfaden alle Fäden vernähen. Den Kopf in der 14. Rd des Oberteils in Ivory abbinden, vor dem Festziehen mit Füllwatte ausstopfen. Den Faden nicht abschneiden, er wird noch zum Abnähen der Arme benötigt. Den Körper ausstopfen und mit dem Anschlagfaden die untere Öffnung schließen. Den Faden nicht abschneiden, sondern mittig bis zur 4. Rd der Badehose die Beine markieren. Mit dem Abbindefaden des Kopfes seitlich des Körpers die Arme abnähen, dabei von der hinteren Mitte aus die M wie folgt einteilen: 4 M für die erste Hälfte des Rückenteils, 8 M für den ersten Arm, 8 M für das Vorderteil, 8 M für den zweiten Arm und 4 M für die zweite Hälfte des Rückenteils. Die Arme von der drittletzten Rd des Oberteils bis zur zweitletzten Rd der Badehose abnähen. Die Augen in Schwarz vorne mittig in die 6. Rd des Gesichts, 4 M voneinander entfernt, aufsticken. Für das Band der Badehose einen etwa 25 cm langen Faden in Jaffa durch die vorletzte Rd der Badehose fädeln, dabei in der vorderen Mitte beginnen und enden. Das Band mit einer Schleife schließen und auf die gewünschte Länge abschneiden. Zuletzt in Ivory den Bauchnabel auf die gleiche Art wie die Augen in der vorderen Mitte der 3. Rd andeuten.

Oma und Opa

ein goldiges Pärchen

GRÖSSE

Oma: ca. 19 cm
Opa: ca. 17 cm

MATERIAL

- Nadelspiel 3,0 mm
- Füllwatte zum Ausstopfen
- Wollnadel

OMA

- Schachenmayr Catania (LL 125 m/50 g) in Fango (Fb 387), Marsalarot (Fb 396), Ivory (Fb 436), Nebel (Fb 434) und Schwarz (Fb 110), Reste
- Glitzerfaden in Gold, Rest

OPA

- Schachenmayr Catania (LL 125 m/50 g) in Fango (Fb 387), Sun-Kissed (Fb 437), Camouflage (Fb 414), Ivory (Fb 436), Nebel (Fb 434) und Schwarz (Fb 110), Reste
- Hilfs- oder Zopfnadel
- Basteldraht, etwa 25 cm
- Heißkleber

MASCHENPROBE

Glatt rechts mit Nd 3,0 mm
26 M und 36 Rd = 10 cm x 10 cm

Glatt rechts

In Hinr rechte M, in Rückr linke M str, bzw. in Rd alle M rechts str.

Kraus rechts

In Hinr und Rückr rechte M str.

Glatt links

In Rd alle M links str.

Oma

Körper

In Fango 36 M anschl, gleichmäßig auf 4 Spielnd verteilen (= 9 M je Nd) und zur Rd schließen.

Schuhe

1.-8. Rd: Glatt rechts str.

Beine

9.-23. Rd (Ivory): Glatt rechts str.

Oberteil

24.-40. Rd (Marsalarot): Glatt rechts str.

Gesicht

41.-51. Rd (Ivory): Glatt rechts str.

Haare

52.-55. Rd (Nebel): Glatt rechts str.
56. Rd: 4x jede 8. und 9. M rechts zusammenstr (= 32 M).
57. Rd: 4x jede 7. und 8. M rechts zusammenstr (= 28 M).
58. Rd: 4x jede 6. und 7. M rechts zusammenstr (= 24 M).
59. Rd: 4x jede 5. und 6. M rechts zusammenstr (= 20 M).
60. Rd: 4x jede 4. und 5. M rechts zusammenstr (= 16 M).
61. Rd: Glatt rechts str.
62. Rd: Jede 4. M verdoppeln (= 20 M).
63. Rd: Jede 5. M verdoppeln (= 24 M).
64. Rd: Glatt rechts str.
65. Rd: 4x jede 5. und 6. M rechts zusammenstr (= 20 M).
66. Rd: 4x jede 4. und 5. M rechts zusammenstr (= 16 M).
67. Rd: 4x jede 3. und 4. M rechts zusammenstr (= 12 M).
68. Rd: 4x jede 2. und 3. M rechts zusammenstr (= 8 M).
Den Faden abschneiden und durch die restlichen M ziehen.

Rock

Durch die 4. Rd des Oberteils nacheinander die 4 Spielnd schieben (siehe Basisanleitung, Seite 5) und in Rd str. Den Rd-Anfang bildet die hintere Mitte.
1. Rd (Marsalarot): Rechte M str.
2. Rd: * 1 M rechts, 1 M verdoppeln, ab * fortlaufend wdh (= 54 M).
3.-9. Rd: Glatt rechts str.
10.-15. Rd: Kraus rechts str, dabei in der 15. Rd alle M abk.

Fertigstellen

Siehe auch Basisanleitung Seite 2-5.
Ein kleines Riemchen am Schuh wie folgt andeuten: In der vorletzten Rd des Schuhs jeweils 2 M von der vorderen Mitte nach links und rechts unbestickt lassen, dann wie abgebildet in beide Richtungen in Ivory 3 Stiche im M-Stich sticken. Bis auf

... weiter geht es auf Seite 42

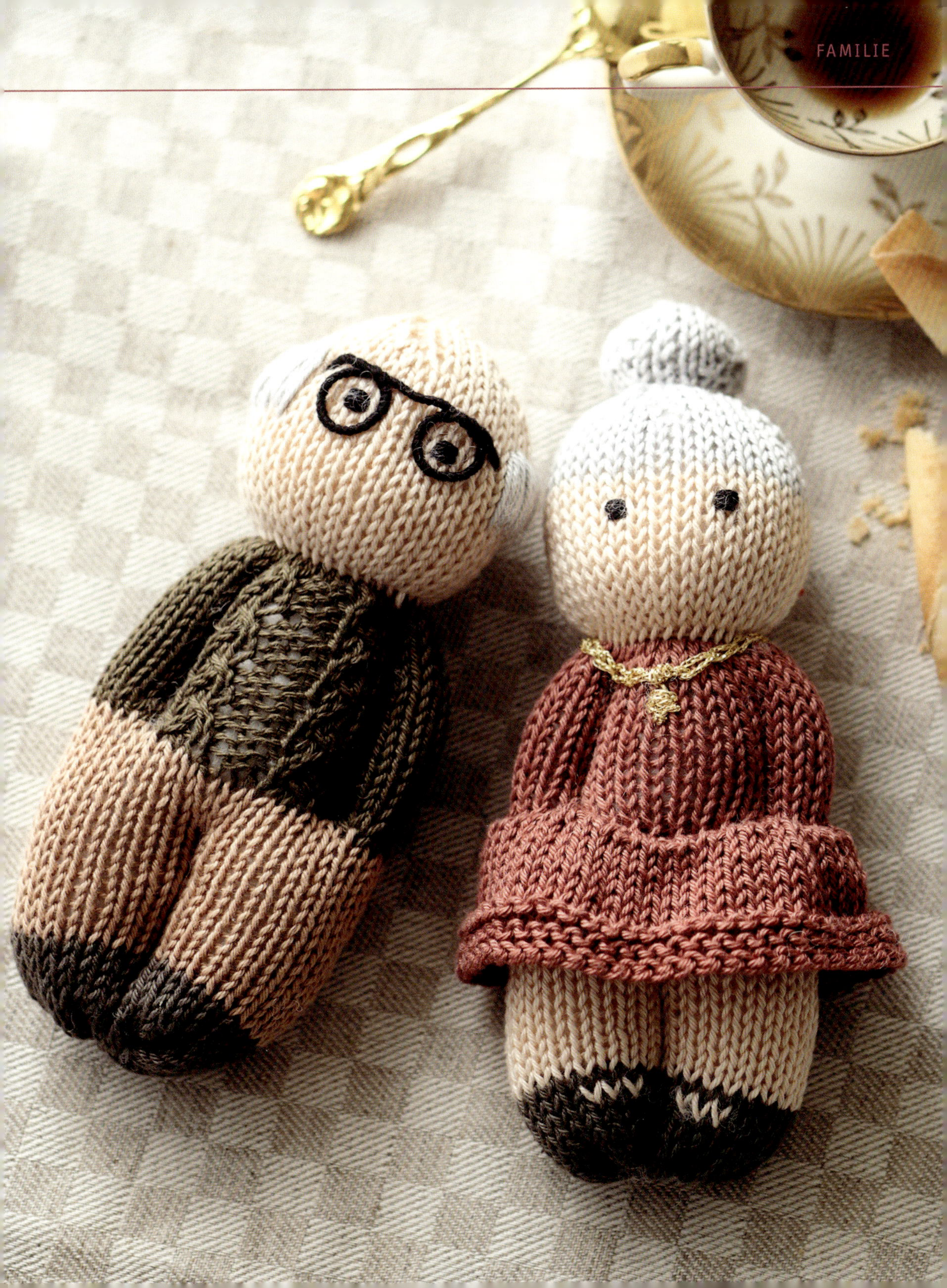

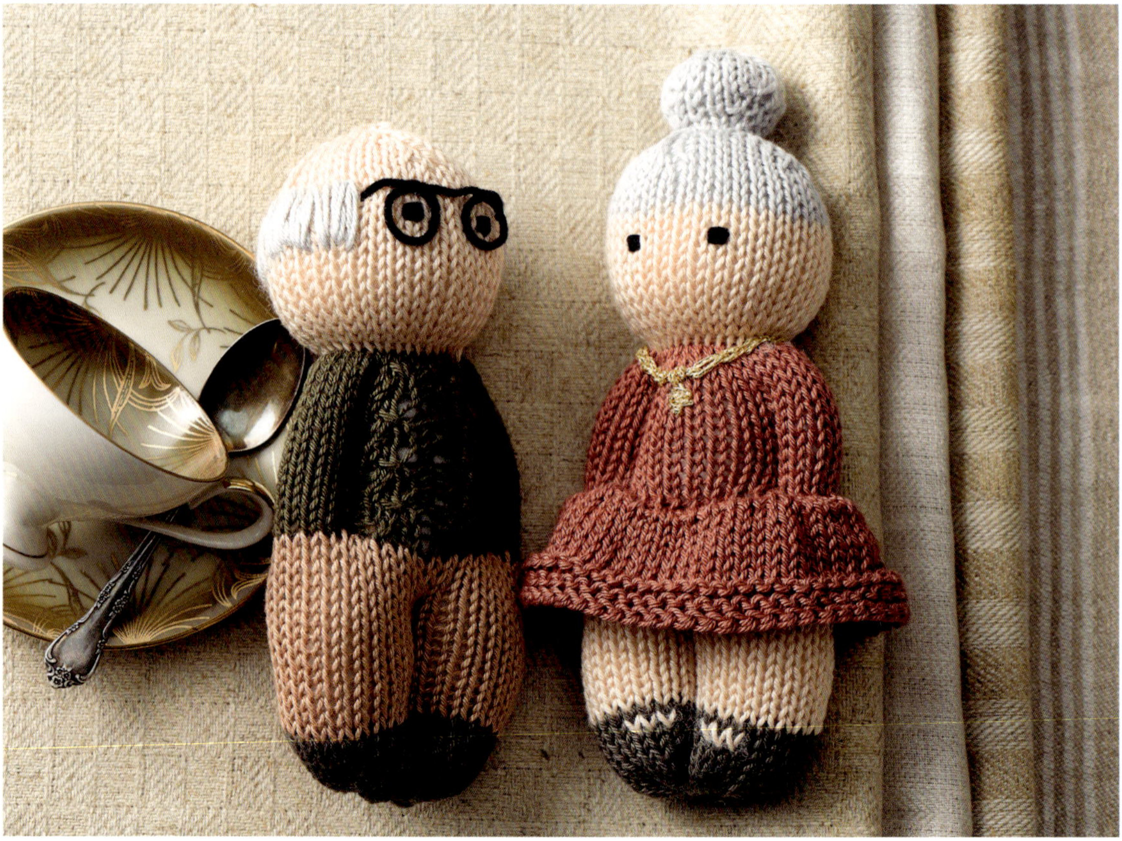

den Anschlagfaden alle Fäden vernähen. Den Kopf in der 1. Rd des Gesichts in Ivory abbinden, vor dem Festziehen Kopf und Dutt mit Füllwatte ausstopfen. Für die Formgebung den Dutt am Übergang zum Kopf in Nebel leicht abbinden. Den Faden nicht abschneiden, er wird noch zum Abnähen der Arme benötigt. Den Körper ausstopfen und mit dem Anschlagfaden die untere Öffnung schließen. Den Faden nicht abschneiden, sondern mittig bis zum Beginn des in Marsalarot gestrickten Teils die Beine markieren. Mit dem Abbindefaden des Kopfes seitlich des Körpers die Arme abnähen, dabei von der hinteren Mitte aus die M wie folgt einteilen: 4,5 M für die erste Hälfte des Rückenteils, 9 M für den ersten Arm, 9 M für das Vorderteil, 9 M für den zweiten Arm und 4,5 M für die zweite Hälfte des Rückenteils. Die Arme von der 4. letzten Rd des Oberteils bis zum Beginn des Rocks abnähen. Die Augen in Schwarz vorne mittig in die 9. Rd des Gesichts, 4 M voneinander entfernt, aufsticken. Mit dem goldenen Faden im Schlingenstich die Kette und einen kleinen Kettenanhänger aufsticken.

Opa

Körper

In Fango 36 M anschl, gleichmäßig auf 4 Spielnd verteilen (= 9 M je Nd) und zur Rd schließen.

Schuhe

1.-7. Rd: Glatt rechts str.

Hose

8.-22. Rd (Sun-Kissed): Glatt rechts str.

Pullover

23. Rd (Camouflage): Glatt rechts str.
24. Rd: 12 M rechts, 1 M verdoppeln, 1 M links, 3 M rechts, 2 M links, 3 M rechts, 1 M links, 1 M verdoppeln, 12 M rechts (= 38 M).
25. Rd: 14 M rechts, 1 M links, Zopf 1 über 3 M (= 1 M auf einer Hilfsnd vor die Arbeit legen, 1 M rechts, die M der Hilfsnd rechts str, 1 M rechts), 2 M links, Zopf 2 über 3 M (= 1 M rechts, 1 M auf einer Hilfsnd hinter die Arbeit legen, 1 M rechts, die M der Hilfsnd rechts str), 14 M rechts.
26. Rd: 14 M rechts, 1 M links, 3 M rechts (= Zopf 1), 2 M links, 3 M rechts (= Zopf 2), 1 M links, 14 M rechts.
27. Rd: 14 M rechts, 1 M links, Zopf 1 über 3 M (= 1 M rechts, 1 M auf einer Hilfsnd hinter die Arbeit legen, 1 M rechts, die M der Hilfsnd rechts str), 2 M links, Zopf 2 über 3 M (= 1 M auf einer Hilfsnd vor die Arbeit legen, 1 M rechts, die M der Hilfsnd rechts str, 1 M rechts), 1 M links, 14 M rechts.
28. Rd: Wie 26. Rd str.
29.-36. Rd: Die 25.-28. Rd 2x wdh.
37.-39. Rd: 25.-27. Rd 1x wdh.

Gesicht

40. Rd (Ivory): 12 M rechts, 2 M rechts zusammenstr, 10 M rechts, 2 M rechts zusammenstr, 12 M rechts (= 32 M).
41.-55. Rd: Glatt rechts str.
56. Rd: 4x jede 8. und 9. M rechts zusammenstr (= 32 M).
57. Rd: 4x jede 7. und 8. M rechts zusammenstr (= 28 M).
58. Rd: 4x jede 6. und 7. M rechts zusammenstr (= 24 M).
59. Rd: 4x jede 5. und 6. M rechts zusammenstr (= 20 M).
60. Rd: 4x jede 4. und 5. M rechts zusammenstr (= 16 M).
61. Rd: 4x jede 3. und 4. M rechts zusammenstr (= 12 M).
62. Rd: 4x jede 2. und 3. M rechts zusammenstr (= 8 M).
Den Faden abschneiden und durch die restlichen M ziehen.

Fertigstellen

Siehe auch Basisanleitung Seite 2-5. Bis auf den Anschlagfaden alle Fäden vernähen. Den Kopf in der 1. Rd des Gesichts in Ivory abbinden, vor dem Festziehen mit Füllwatte ausstopfen. Den Faden nicht abschneiden, er wird noch zum Abnähen der Arme benötigt. Den Körper ausstopfen und mit dem Anschlagfaden die untere Öffnung schließen. Den Faden nicht abschneiden, sondern mittig bis 4 Rd vor Hosenende die Beine markieren. Mit dem Abbindefaden des Kopfes seitlich des Körpers die Arme abnähen, dabei von der hinteren Mitte aus die M wie folgt einteilen: 4,5 M für die erste Hälfte des Rückenteils, 9 M für den ersten Arm, 9 M für das Vorderteil, 9 M für den zweiten Arm und 4,5 M für die zweite Hälfte des Rückenteils. Dabei in der letzten Rd des Pullovers zählen, da für die Zöpfe 2 M je Rd zugenommen wurden. Die Arme von der drittletzten Rd des Pullovers bis zum Beginn der Hose abnähen. Die Augen in Schwarz vorne mittig in die 12. Rd des Gesichts, 4 M voneinander entfernt, aufsticken. In Nebel die Haare um den Kopf herum andeuten. Aus dem Draht mithilfe eines runden Stiftes oder einer dicken Strickndeine Brille biegen. Den Draht mit einem schwarzen Faden umwickeln, dabei die Garnenden jeweils mit etwas Heißkleber am Draht fixieren. Die Brille seitlich des Haaransatzes in den Kopf schieben.

Bärige Freunde

ein unzertrennliches Trio

GRÖSSE

Großer Teddy: ca. 16 cm

Teddy mit Schultasche: ca. 12 cm

Teddy mit Umhängetasche: ca. 12 cm

MATERIAL

- Nadelspiel 3,0 mm
- Füllwatte zum Ausstopfen
- Wollnadel

GROSSER TEDDY

- Schachenmayr Catania (LL 125 m/ 50 g) in Creme (Fb 130), Deep Amber (Fb 438), Petrol (Fb 391), Reseda (Fb 402) und Schwarz (Fb 110), Reste

TEDDY MIT SCHULTASCHE

- Schachenmayr Catania (LL 125 m/ 50 g) in Sun-Kissed (Fb 437), Fango (Fb 387), Reseda (Fb 402) und Schwarz (Fb 110), Reste

TEDDY MIT UMHÄNGETASCHE

- Schachenmayr Catania (LL 125 m/ 50 g) in Sun-Kissed (Fb 437), Rosé Gold (Fb 433), Rauchgrau (Fb 435) und Schwarz (Fb 110), Reste

MASCHENPROBE

Glatt rechts mit Nd 3,0 mm
26 M und 36 Rd = 10 cm x 10 cm

Glatt rechts

In Hinr rechte M, in Rückr linke M str, bzw. in Rd alle M rechts str.

Kraus rechts

In Hin- und Rückr rechte M str, bzw. in Rd 1 Rd rechte M, 1 Rd linke M im Wechsel str.

Großer Teddy

Körper

In Creme 36 M anschl, gleichmäßig auf 4 Spielnd verteilen (= 9 M je Nd) und zur Rd schließen.

Tatzen

1.-7. Rd: Glatt rechts str.

Beine

8.-21. Rd (Deep Amber): Glatt rechts str.

Pullover

22.-25. Rd (Petrol): Kraus rechts str.
26.+27. Rd (Reseda): Glatt rechts str.
28.+29. Rd (Petrol): Glatt rechts str.
30.-37. Rd: Die 26.-29. Rd noch 2x wdh.
38.+39. Rd (Reseda): Glatt rechts str.
40.-43. Rd (Petrol): Kraus rechts str.

Kopf

44.-52. Rd (Deep Amber): Glatt rechts str.
53. Rd: * 2 M rechts zusammenstr, 7 M rechts, ab * noch 3x wdh (= 32 M).
54. Rd: * 2 M rechts zusammenstr, 6 M rechts, ab * noch 3x wdh (= 28 M).
55. Rd: * 2 M rechts zusammenstr, 5 M rechts, ab * noch 3x wdh (= 24 M).
56. Rd: * 2 M rechts zusammenstr, 4 M rechts, ab * noch 3x wdh (= 20 M).
57. Rd: * 2 M rechts zusammenstr, 3 M rechts, ab * noch 3x wdh (= 16 M).
58. Rd: * 2 M rechts zusammenstr, 2 M rechts, ab * noch 3x wdh (= 12 M).
59. Rd: * 2 M rechts zusammenstr, 1 M rechts, ab * noch 3x wdh (= 8 M).
Den Faden abschneiden und durch die restlichen M ziehen.

Ohren (2x)

An der Seite durch die 53.-57. Rd des Kopfes in Deep Amber eine Spielnd schieben (siehe Basisanleitung, Seite 5) und kraus rechts in R arb.
1.-4. R (Deep Amber): Kraus rechts str.
5. R: 2 M rechts überzogen zusammenstr, 1 M rechts, 1 M rechts zusammenstr (= 3 M).
6. R: 3 M rechts überzogen zusammenstr (= 1 M wie zum Rechtsstr abheben, 2 M rechts zusammenstr, die abgehobene M überziehen).
Den Faden abschneiden und durch die letzte M ziehen.
Das andere Ohr gegenüberliegend auf der anderen Seite ebenso str.

Fertigstellen

Siehe auch Basisanleitung Seite 2-5. Bis auf den Anschlagfaden alle Fäden vernähen. Den Kopf in der 1. Rd des Kopfes in Deep Amber abbinden, vor dem Festziehen mit Füllwatte ausstopfen. Den Faden nicht abschneiden, er wird noch zum Abnähen der Arme benötigt. Den Körper ausstopfen und mit

... weiter geht es auf Seite 46

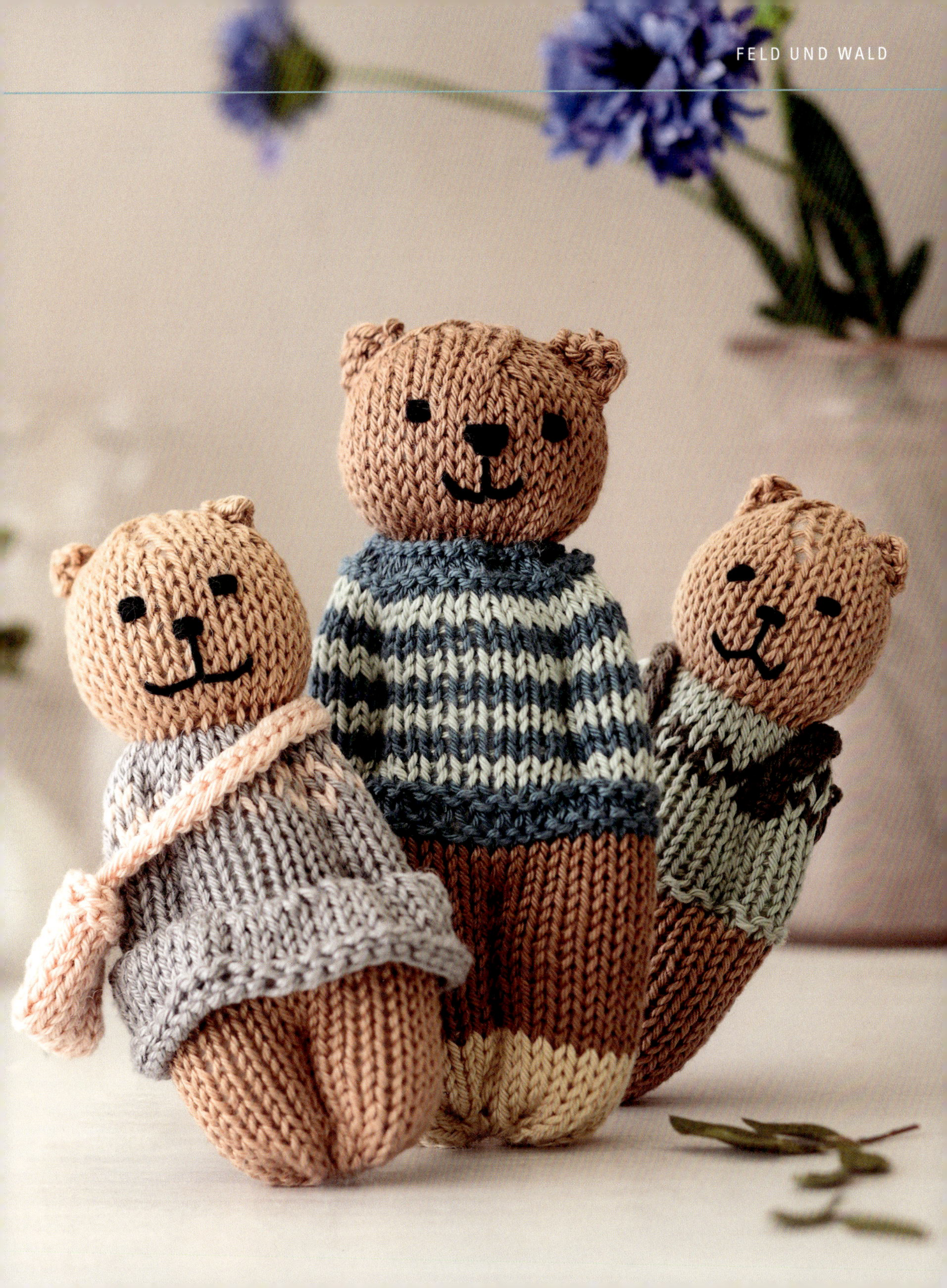

dem Anschlagfaden die untere Öffnung schließen. Den Faden nicht abschneiden, sondern die Beine mittig bis zur viertletzten Rd der Beine markieren. Mit dem Abbindefaden des Kopfes seitlich des Körpers die Arme abnähen, dabei von der hinteren Mitte aus die M wie folgt einteilen: 4,5 M für die erste Hälfte des Rückenteils, 9 M für den ersten Arm, 9 M für das Vorderteil, 9 M für den zweiten Arm und 4,5 M für die zweite Hälfte des Rückenteils. Die Arme von der siebtletzten Rd des Oberteils bis zur 2. kraus rechts gestrickten Rd des Oberteils abnähen. Die Augen in Schwarz vorne mittig in die 8. Rd des Kopfes, 6 M voneinander entfernt, aufsticken, die Nase mittig darunter.

Teddy mit Schultasche

Körper

In Sun-Kissed 28 M anschl, gleichmäßig auf 4 Spielnd verteilen (= 7 M je Nd) und zur Rd schließen.

Beine

1.-16. Rd: Glatt rechts str.

Pullover

17.+18. Rd (Reseda): Kraus rechts str.
19.-23. Rd: Glatt rechts str.
24. Rd: In Jacquardtechnik glatt rechts 1 M in Reseda und 1 M in Fango im Wechsel str.
25. Rd: In Jacquardtechnik glatt rechts 1 M in Fango und 1 M in Reseda im Wechsel str.
26. Rd: In Jaquardtechnik glatt rechts 1 M in Reseda und 1 M in Fango im Wechsel str.
27.-29. Rd: Glatt rechts str.

Kopf

30.-39. Rd (Sun-Kissed): Glatt rechts str.
40. Rd: * 2 M rechts zusammenstr, 5 M rechts, ab * noch 3x wdh (= 24 M).
41. Rd: * 2 M rechts zusammenstr, 4 M rechts, ab * noch 3x wdh (= 20 M).
42. Rd: * 2 M rechts zusammenstr, 3 M rechts, ab * noch 3x wdh (= 16 M).
43. Rd: * 2 M rechts zusammenstr, 2 M rechts, ab * noch 3x wdh (= 12 M).
44. Rd: * 2 M rechts zusammenstr, 1 M rechts, ab * noch 3x wdh (= 8 M).
Den Faden abschneiden und durch die restlichen M ziehen.

Ohren (2x)

An der Seite durch die 40.-43. Rd des Kopfes in Sun-Kissed eine Spielnd schieben (siehe Basisanleitung, Seite 5) und kraus rechts in R arb.
1.+2. R (Sun-Kissed): Kraus rechts str.
3. R: 1 M rechts, 2 M rechts überzogen zusammenstr, 1 M rechts (= 3 M).
4. R: 3 M rechts überzogen zusammenstr (= 1 M wie zum Rechtsstr abheben, 2 M rechts zusammenstr, die abgehobene M überziehen).
Den Faden abschneiden und durch die letzte M ziehen.
Das andere Ohr gegenüberliegend auf der anderen Seite ebenso str.

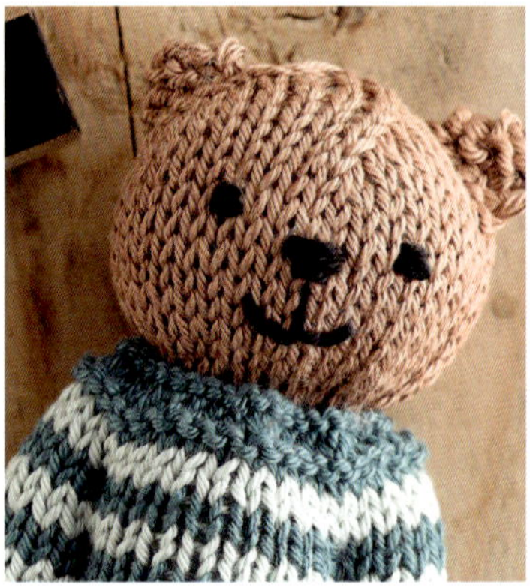

Schultasche

In Fango 15 M anschl. 21 R glatt rechts str, dabei mit 1 Rückr (linke M) beginnen. Dann 4 R kraus rechts str, dabei in der letzten R alle M abk.

Schulterriemen (2x)

In Fango 12 M anschl, 1 R rechte M str und dabei alle M abk.

Fertigstellen

Siehe auch Basisanleitung Seite 2-5. Bis auf den Anschlagfaden alle Fäden vernähen. Den Kopf in der 1. Rd des Kopfes den Kopf in Sun-Kissed abbinden, vor dem Festziehen mit Füllwatte ausstopfen. Den Faden nicht abschneiden, er wird noch zum Abnähen der Arme benötigt. Den Körper ausstopfen und mit dem Anschlagfaden die untere Öffnung schließen. Den Faden nicht abschneiden, sondern die Beine mittig bis zur viertletzten Rd der Beine markieren. Mit dem Abbindefaden des Kopfes seitlich des Körpers die Arme abnähen, dabei von der hinteren Mitte aus die M wie folgt einteilen: 3,5 M für die erste Hälfte des Rückenteils, 7 M für den ersten Arm, 7 M für das Vorderteil, 7 M für den zweiten Arm und 3,5 M für die zweite Hälfte des Rückenteils. Die Arme von der drittletzten Rd des Pullovers bis zur kraus rechts gestrickten Rd abnähen. Die Augen in Schwarz vorne mittig in die 8. Rd des Kopfes, 3 M voneinander entfernt, aufsticken, die Nase mittig darunter. Die beiden Schulterriemen um die Schultern nähen. Die Schultasche an den kurzen Seiten so zusammenfalten, dass der kraus rechts gestrickte Teil den Deckel bildet. Die Seiten im Matratzenstich zusammennähen. Den Deckel ebenfalls am Taschenkörper festnähen. Mit zwei kleinen Stichen in Sun-Kissed den Verschluss andeuten. Die Tasche an den Teddyrücken nähen.

Teddy mit Umhängetasche

Körper

In Sun-Kissed 28 M anschl, gleichmäßig auf 4 Spielnd verteilen (= 7 M je Nd) und zur Rd schließen.

Beine

1.-15. Rd: Glatt rechts str.

Oberteil

16.-23. Rd (Rauchgrau): Glatt rechts str.
24. Rd: In Jacquardtechnik glatt rechts 1 M in Rauchgrau und 1 M in Rosé Gold im Wechsel str.
25. Rd: In Jacquardtechnik glatt rechts 1 M in Rosé Gold und 1 M in Rauchgrau im Wechsel str.
26. Rd: In Jacquardtechnik glatt rechts 1 M in Rauchgrau und 1 M in Rosé Gold im Wechsel str.
27.-29. Rd: Glatt rechts str.

Kopf

Die 30.-44. Rd in Sun-Kissed wie beim Teddy mit Schultasche arb.

Ohren (2x)

Die Ohren in Sun-Kissed wie beim Teddy mit Schultasche arb.

Umhängetasche

In Rosé Gold 9 M anschl und in R str.
1. R (Rückr): Rechte M str.
2.-18. R: Glatt rechts str.
19.+20. R: Kraus rechts str, dabei in der 20. R alle M abk.

Schulterriemen

In Rosé Gold 34 M anschl, 1 R rechte M str und dabei alle M abk.

Rock

Durch die 2. Rd des Oberteils (= 28 M) in Rauchgrau nacheinander die 4 Spielnd schieben (siehe Basisanleitung, Seite 5). Den Rd-Anfang bildet die hintere Mitte.
1. Rd (Rauchgrau): Rechte M str.
2. Rd: Jede 2. M verdoppeln (= 42 M).
3.-5. Rd: Glatt rechts str.
6. Rd: Linke M str.
7. Rd: Rechte M str und dabei alle M abk.

Fertigstellen

Siehe auch Basisanleitung Seite 2-5. Bis auf den Anschlagfaden alle Fäden vernähen. Den Kopf in der 1. Rd des Kopfes in Sun-Kissed abbinden, vor dem Festziehen mit Füllwatte ausstopfen. Den Faden nicht abschneiden, er wird noch zum Abnähen der Arme benötigt. Den Körper ebenfalls ausstopfen und mit dem Anschlagfaden die untere Öffnung schließen. Den Faden nicht abschneiden, sondern die Beine mittig bis zur viertletzten Rd der Beine markieren. Mit dem Abbindefaden des Kopfes seitlich des Körpers die Arme abnähen, dabei von der hinteren Mitte aus die M wie folgt einteilen: 3,5 M für die erste Hälfte des Rückenteils, 7 M für den ersten Arm, 7 M für das Vorderteil, 7 M für den zweiten Arm und 3,5 M für die zweite Hälfte des Rückenteils. Die Arme von der drittletzten Rd des Oberteils bis zum Beginn des Rocks abnähen. Die Augen in Schwarz vorne mittig in die 8. Rd des Kopfes, 3 M voneinander entfernt, aufsticken, die Nase mittig darunter. Die Tasche an der kurzen Seite mittig zur Hälfte falten und die Seiten im M-Stich schließen. Die Enden des Schulterriemens seitlich in die Tasche nähen. Die Tasche wie abgebildet umhängen und nach Belieben festnähen.

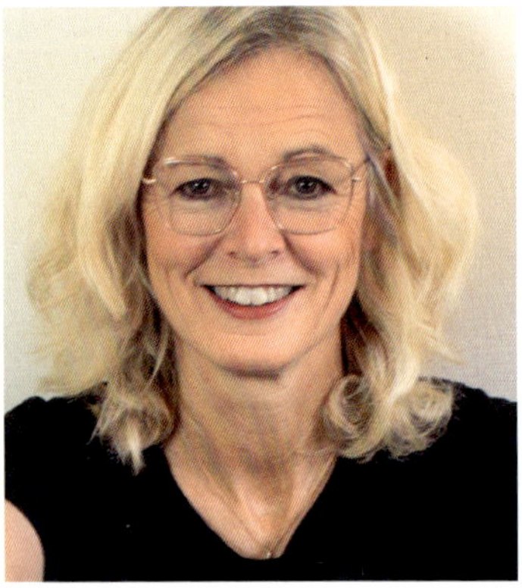

Brigitte Zimmermann strickt und häkelt für ihr Leben gern und hat das ganz große Glück, ihr Hobby zum Beruf gemacht zu haben. Nach 12 Jahren als Produktentwicklerin im Bereich Handstrick ist sie nun bei einem Onlineshop beschäftigt und dort für die Garn- und Farbauswahl und das Modelldesign für Baby- und Kinderkleidung verantwortlich. Unter dem Pseudonym „knittygitti" entwickelt sie gerne eigene Designs, entwirft Strickteile für Magazine und bietet Lektorate an. Sie ist verheiratet, hat 3 erwachsene Kinder und lebt mit ihrem Mann in Ostwestfalen.

DANKE!

Wir danken der Firma MEZ GmbH für die Unterstützung bei diesem Buch
www.schachenmayr.com
www.mezcrafts.com

TOPP – Unsere Servicegarantie

WIR SIND FÜR SIE DA! Bei Fragen zu unserem umfangreichen Programm oder Anregungen freuen wir uns über Ihren Anruf oder Ihre Post. Loben Sie uns, aber scheuen Sie sich auch nicht, Ihre Kritik mitzuteilen – sie hilft uns, ständig besser zu werden.

Bei Fragen zu einzelnen Materialien oder Techniken wenden Sie sich bitte an unseren Kreativservice, Frau Erika Noll.
mail@kreativ-service.info
Telefon 0711/12 37 57 20

Das Produktmanagement erreichen Sie unter:
pm@frechverlag.de
oder:
frechverlag
Produktmanagement
Turbinenstraße 7
70499 Stuttgart
Telefon 07 11/8 30 86 68

LERNEN SIE UNS BESSER KENNEN! Fragen Sie Ihren Hobbyfach- oder Buchhändler nach unserem kostenlosen Magazin **Meine kreative Welt**. Darin entdecken Sie dreimal im Jahr die neuesten Kreativtrends und interessantesten Buchneuheiten.

Oder besuchen Sie uns im Internet! Unter **www.topp-kreativ.de** können Sie sich über unser umfangreiches Buchprogramm informieren, unsere Autoren kennenlernen sowie aktuelle Highlights und neue Kreativtechniken entdecken, kurz – die ganze Welt der Kreativität.

Kreativ immer up to date sind Sie mit unserem monatlichen **Newsletter**. Für aktuelle Infos, Gratis-Anleitungen und Gewinnspiele gleich anmelden unter **www.TOPP-kreativ.de/Newsletter**

IMPRESSUM

FOTOS: frechverlag GmbH, 70839 Gerlingen; Brigitte Zimmermann (Schrittfotos S. 3-5 und Umschlagklappen); lichtpunkt, Michael Ruder, Stuttgart (alle übrigen)
PRODUKTMANAGEMENT: Eva-Barbara Zirn
LEKTORAT: Regina Sidabras, Berlin
COVER: EVA HOOK
GESTALTUNG: Petra Theilfarth
DRUCK: POLYGRAF PRINT SPOL. S R.O.

7. Auflage 2025

ISBN 978-3-7724-6858-2 • Best.-Nr. 6858

MIX
Papier | Fördert gute Waldnutzung
FSC® C023577
FSC www.fsc.org

Penguin Random House Verlagsgruppe
FSC® N001967